CINEMA E EDUCAÇÃO

SERVIÇO SOCIAL DO COMÉRCIO
Administração Regional no Estado de São Paulo

Presidente do Conselho Regional
Abram Szajman
Diretor Regional
Danilo Santos de Miranda

Conselho Editorial
Ivan Giannini
Joel Naimayer Padula
Luiz Deoclécio Massaro Galina
Sérgio José Battistelli

Edições Sesc São Paulo
Gerente Iã Paulo Ribeiro
Gerente adjunta Isabel M. M. Alexandre
Coordenação editorial Cristianne Lameirinha, Clívia Ramiro, Francis Manzoni, Jefferson Alves de Lima
Produção editorial Simone Oliveira
Coordenação gráfica Katia Verissimo
Produção gráfica Fabio Pinotti, Ricardo Kawazu
Coordenação de comunicação Bruna Zarnoviec Daniel

Rosana Elisa Catelli

CINEMA E EDUCAÇÃO

a emergência do moderno

(anos 1920 e 1930)

© Rosana Elisa Catelli, 2022
© Edições Sesc São Paulo, 2022
Todos os direitos reservados

Preparação Luiza Thebas
Revisão Elba Elisa de Oliveira, Simone Oliveira
Capa, projeto gráfico e diagramação Fabio Pinotti
Imagem da capa Projeção de filmes em escolas, 1931, 12 cm × 17,5 cm,
  Arquivo Lourenço Filho, Acervo CPDOC-FGV

Dados Internacionais de Catalogação na Publicação (CIP)

C3487c	Catelli, Rosana Elisa
	Cinema e educação: a emergência do moderno (anos 1920 e 1930) / Rosana Elisa Catelli. – São Paulo: Edições Sesc São Paulo, 2022. – 208 p.
	ISBN: 978-65-86111-90-3
	1. Cinema. 2. Educação. 3. Cinema educativo. 4. Anos 1920 e 1930. 5. INCE. 6. *Cinearte*. I. Título.
	CDD 791

Ficha catalográfica elaborada por Maria Delcina Feitosa CRB/8-6187

Edições Sesc São Paulo
Rua Serra da Bocaina, 570 – 11º andar
03174-000 – São Paulo SP Brasil
Tel. 55 11 2607-9400
edicoes@sescsp.org.br
sescsp.org.br/edicoes
 /edicoessescsp

SUMÁRIO

8   Apresentação   *Danilo Santos de Miranda*

10   Introdução

18   1 | O CINEMA NA EDUCAÇÃO

22   A produção do cidadão moderno

31   Propagar uma ordem cultural

35   A moralização do cinema pela educação

40   Os meios de comunicação e a educação popular

46   A Escola Nova e a irradiação da cultura

53   Cinema e educação no âmbito da Escola Nova

65   O cinema documentário e os educadores da Escola Nova

76   O Estado Novo e a integração das massas pelo cinema

86 2 | A EDUCAÇÃO NO CINEMA

87 A revista *Cinearte*
94 A educação na *Cinearte*
105 Museus, comissões, revistas e cinema
126 Indígenas, negros e jacarés: a domesticação do cinema nacional
139 Cinema educativo: o modelo norte-americano

152 3 | BREVES ANOTAÇÕES BIBLIOGRÁFICAS

154 Cinema e Estado Novo
162 História e crítica do cinema nacional
172 Cinema e história
176 Cinema e educação

185 Reflexões finais

191 Referências
205 Agradecimentos
207 Sobre a autora

APRESENTAÇÃO

Os meios e as técnicas próprios de determinado período são capazes de o revelar social, cultural e politicamente. Nas primeiras décadas do século passado, o cinema se encontrava no centro de práticas e reflexões, e não apenas manifestava em si a velocidade dos modos de produção e achados científicos da época, como também se apresentava como campo de disputa de narrativas e de projetos sociopolíticos.

Cinema e educação: a emergência do moderno (anos 1920 e 1930), de Rosana Elisa Catelli, percorre a trajetória moderna da educação no cinema, em que as proposições de um cinema educativo ganharam relevo no Brasil e no mundo. No panorama brasileiro, a linguagem cinematográfica adquiriu diferentes atribuições no âmbito pedagógico, como o contato com as diversas geografias do território, a experiência social e a formação de professores, além de ter a missão de levar "cultura e civilização" aos quatro cantos do país.

A obra aborda os discursos precursores de um cinema educativo no Brasil e suas relações com outros países, como Alemanha, Itália, Inglaterra, França e Estados Unidos, e apresenta as propostas dos educadores Fernando de Azevedo, Lourenço Filho, Jonathas Serrano, Francisco Venâncio Filho e Edgar Roquette-Pinto, além de estender sua análise ao campo das ideias do próprio fazer cinematográfico.

Como consequência das novas concepções elaboradas por esses pensadores e em um contexto alinhado ao movimento Escola Nova, pretendia-se que o cinema ocupasse o centro da comunicação e da educação daquilo que se compreendia como uma sociedade nova, fomentando uma cultura que promovia a democratização em seu sentido amplo.

Ao mesmo tempo, para se apresentar educativo, o cinema necessitava ser "reeducado", indo além de seu vínculo industrial-capitalista e de seu mero agenciamento pela via do entretenimento. Tratava-se de articular o cinema técnica e artisticamente e, assim, desenvolver e aprimorar sua expressão e seus códigos formais, preparando pessoal capacitado e elevando-o à categoria de arte capaz de produzir uma pedagogia dos sentidos, que pudesse escapar às possibilidades de alienação relativas aos seus usos.

A presente edição contorna um período histórico e suas concepções e abordagens particulares a uma linguagem que, à medida do tempo, mostrou-se assídua na constituição cultural de diferentes sociedades e formadora de cidadãos, além de lugar de vazão à criação de autores e autoras abeirados aos recursos e impasses de seu tempo. Por um lado, multifacetado em seus procedimentos e enunciados, por outro, vivência impulsionadora da aventura social, o cinema permeia diferentes instâncias da ação socioeducativa do Sesc e afirma-se como expressão que atravessa tempos e aproxima experiências.

Danilo Santos de Miranda
Diretor do Sesc São Paulo

INTRODUÇÃO

Minhas indagações sobre o uso da imagem na educação começaram há muitos anos, ainda como professora de História do Ensino Fundamental. O uso de imagens ilustrativas nos livros didáticos de História sempre me provocou certo desconforto, principalmente pela utilização das pinturas históricas como se fossem fotografias de determinados acontecimentos, como provas do fato histórico. Esse uso desconsidera por completo a historicidade da imagem em questão, o momento de realização da pintura, o contexto da produção da imagem. A partir desse incômodo, iniciei alguns estudos a respeito da pintura histórica e, nesse percurso de pesquisa, me deparei com o filme *O descobrimento do Brasil*, realizado em 1937 pelo cineasta mineiro Humberto Mauro. Naquele momento, o que me interessou foi a transposição da pintura histórica de Victor Meirelles, *A primeira missa do Brasil* (1861), para uma das cenas do filme.

A partir desse meu interesse pelo filme de Humberto Mauro, outros fatos foram se revelando, como a criação do Instituto Nacional de Cinema Educativo, em 1936, e intenções bem mais anteriores do uso do cinema na educação. Desse ponto, nasceu uma investigação das propostas de utilização das imagens em movimento com propósitos educativos no Brasil no início do século XX.

Este livro apresenta o resultado dessa pesquisa, que teve por objetivo refletir a respeito das proposições que, entre os anos de 1920 e 1930, defendiam o cinema como meio para a educação da população brasileira[1]. Para isso, foi realizado um levantamento da bibliografia referente ao cinema educativo, em especial aquela vinculada aos educadores mais próximos da vertente da Escola Nova, que sugeriram o uso do cinema na educação. Também foi feita uma seleção de matérias da *Cinearte* e de *A Cena Muda*, revistas da época especializadas em cinema e que abordaram em muitas de suas páginas a relação entre cinema e educação. Do ponto de vista da produção cinematográfica, foi ressaltado o anseio pela padronização das imagens produzidas e exibidas pelo cinema nacional, em especial aquelas dos chamados filmes "naturais", que eram os filmes de não ficção feitos muitas vezes por realizadores amadores. Na perspectiva aqui adotada, o cinema educativo teve como intenção não só a educação massiva da população brasileira, mas, igualmente, educar os realizadores dos filmes brasileiros.

A partir da década de 1910, intelectuais, políticos, educadores e cineastas passaram a escrever sobre o vínculo entre o cinema e a educação e a defender a introdução desse recurso nas escolas públicas do país. Entretenimento, comunicação, educação, registro do "real": esses atributos do cinema estavam presentes na sociedade brasileira do final do século XIX e início do século XX. Desde o seu surgimento, o cinema despertou interesses por seu potencial como entretenimento e por suas possibilidades de uso social, na educação, na ciência ou na política. Naquele tempo, circulava pelos centros urbanos uma produção cinematográfica representada por cenas da natureza, de eventos sociais ou políticos, de paisagens urbanas, de demonstrações científicas, além de dramas e comédias que agradavam e divertiam o público. Os jornais e as revistas

---

1   Este livro é parte da tese de doutorado intitulada *Dos "naturais" ao documentário: o cinema educativo e a educação do cinema entre os anos de 1920 e 1930*, defendida em 2007 sob a orientação do professor Fernão Pessoa Ramos, no Instituto de Artes da Universidade Estadual de Campinas.

especializados publicavam análises e comentários sobre o cinema a partir de óticas várias, quais sejam: diversão, arte, problema moral, progresso técnico e científico ou por suas potencialidades como instrumento educativo.

Os formuladores do cinema educativo pertenciam a um modelo de modernização em que a técnica e a ciência eram os principais instrumentos propulsores do progresso; e o cinema, como uma nova técnica, por sua capacidade de divulgação, de publicidade, de educação e de visualização, subsidiaria esse projeto e contribuiria como um aliado na formação de um novo olhar para o Brasil. É sob a perspectiva da conjunção entre entretenimento, modernização e educação que analisaremos o cinema educativo no Brasil entre as décadas de 1920 e 1930.

Parte do pensamento que introduzia o cinema na educação estava associado ao movimento educacional chamado de Escola Nova, que, entre outros instrumentos pedagógicos, elegeu o cinema educativo com o objetivo de renovar as práticas escolares e de garantir o acesso ao conhecimento a um maior número de pessoas. De fato, esse movimento deu início a um processo que inovou determinadas concepções de educação advindas do século XIX – centradas na erudição e no academicismo – e, ao levar a sério as possibilidades culturais e artísticas do cinema num período em que muitos ainda o enxergavam como mero entretenimento das classes populares, pleiteou práticas escolares mais democráticas, além de outras mudanças significativas.

Também contribuiu na defesa da relação entre cinema e educação o próprio meio cinematográfico, principalmente o grupo que participou da revista *Cinearte* entre os anos 1920 e 1930. Essa publicação empreendeu uma ampla campanha pela introdução do cinema educativo no Brasil, que acabou por moldar em parte a "política" cinematográfica ao guiar as atividades de captação, de produção e de circulação das imagens em movimento. A *Cinearte* também cumpriu um papel de padronização dos modos de fazer filmes, sendo que o esforço da revista estava voltado para educar o cinema, ensinar a técnica cinematográfica e controlar as imagens captadas da realidade nacional.

O debate sobre a utilização do cinema na educação deu origem, em 1937, ao Instituto Nacional de Cinema Educativo (Ince), sob a direção de Edgar Roquette-Pinto, e que teve como técnico o cineasta Humberto Mauro. Este último não foi um ideólogo do cinema educativo, mas acreditava nas possibilidades educativas do cinema e, por ser um admirador da ciência e da técnica, partilhava dos valores que compuseram a defesa desse tipo de produção.

Humberto Mauro apreciava o homem do interior e seu modo de vida, defendia uma vertente nacionalista para o cinema. Nas palavras do próprio Mauro:

> Tenho alguns filmes planejados, de ambiente rural. A cidade cosmopolita não entra nas minhas cogitações. O filme brasileiro devia mostrar a terra, o povo, o Brasil tal qual é. As películas estrangeiras ou estrangeiradas concorrem para a desnacionalização de nossa cultura. O filme de caráter nacional deve concorrer para fixar o homem à terra[2].

As suas preocupações e a sua produção não se direcionaram exclusivamente ao filme de caráter pedagógico. Nos trinta anos em que permaneceu no Ince, trabalhou intensamente para o desenvolvimento do cinema nacional: dedicou-se a fazer cinema de enredo, interessou-se pelos destinos do cinema no país e preocupou-se com a formação de um processo industrial de produção. Segundo Carlos Roberto de Souza, entre 1933 e 1937, Humberto Mauro realizou duas fitas importantes: *Favela dos meus amores* e *O descobrimento do Brasil*[3]. Esses filmes representariam as diretrizes dos

---

2   Entrevista realizada por Fernando Segismundo sob o título "Como vê o cinema brasileiro um dos seus fundadores", publicada no *Diário de Notícias*, Rio de Janeiro: 12 jan. 1952. Em: Alex Viany, *Humberto Mauro: sua vida/sua arte/sua trajetória no cinema*, Rio de Janeiro: Artenova; Embrafilme, 1978, p. 159.

3   Maria Rita Eliezer Galvão e Carlos Roberto de Souza, "Cinema brasileiro: 1930/1964", em: Antônio Flávio de Oliveira Pierucci *et al.*, *História geral da civilização brasileira*, t. 3, v. 4, Rio de Janeiro: Bertrand Brasil, 1995.

filmes de ficção e documentários produzidos posteriormente por Mauro. Ainda conforme Souza, o cineasta buscava pôr cinema em todos os seus filmes, e, na sua longa atividade cinematográfica no Ince, o que realizou estava repleto de cinema.

Mauro nasceu na cidade mineira de Cataguases. Para ele, o filme brasileiro deveria transportar para a tela o ambiente brasileiro, sendo "fiel ao que somos e ao que desejamos ser"[4]. Deveria disseminar por todo o país o que somos e os fundamentos da nossa nacionalidade.

Humberto Mauro em *Brasilianas. Engenhos e Usinas. Música Folclórica Brasileira* (dir. Humberto Mauro, 1955). Fotografia: José Mauro. Direitos/cessão: CTAv/SNAv/SeCult/Ministério do Turismo.

Mauro partilhava das concepções da época quanto ao fato de o cinema representar um veículo de propaganda externa e interna. Também se interessou pelas novas tecnologias de comunicação e pelo que elas poderiam representar para a população brasileira

---

4 Alex Viany, *Humberto Mauro: sua vida/sua arte/sua trajetória no cinema*, op. cit., p. 109.

Fragmento de filme produzido pelo Instituto Nacional de Cinema Educativo (Ince). Arquivo Gustavo Capanema, Acervo CPDOC-FGV.

em termos culturais e educacionais. Considerava que os brasileiros desconheciam seu próprio país e que, pelo cinema, poderíamos conhecer a nós mesmos, nossos costumes, nossas riquezas e possibilidades econômicas nas diferentes regiões do país. Ele acreditava que o documentário seria o melhor caminho para isso, já que poderia proporcionar um verdadeiro intercâmbio cultural não só entre os brasileiros, mas entre os povos. Segundo ele, "o mundo se desconhece, e só o cinema poderá fazê-lo conhecer-se. [...] através do documentário vamos apresentar uns aos outros os diversos países, em desconhecidos aspectos da Terra e da geografia humana"[5].

Este livro é composto de três capítulos. O primeiro deles, "O cinema na educação", sintetiza as principais ideias que deram origem ao movimento Escola Nova, ressaltando aqueles aspectos que interferiram na proposição de um cinema educativo no Brasil. Aborda os autores que escreveram sobre a relação entre cinema e educação e que desempenharam ações políticas e governamentais

---

5   *Ibidem*, p. 137.

para a criação de mecanismos que viabilizassem a propagação do cinema na educação, quais sejam: Anísio Teixeira, Fernando de Azevedo, Manuel B. Lourenço Filho, Francisco Venâncio Filho, Jonathas Serrano e Edgar Roquette-Pinto. Destaca destes autores as concepções sobre educação, sobre a utilização dos meios de comunicação de massa na educação e sobre o papel do cinema na sociedade moderna.

O segundo capítulo, "A educação no cinema", trata dos artigos extraídos da revista *Cinearte* e de alguns trechos da revista *A Cena Muda*, a respeito da relação entre cinema e educação. Nelas, alguns temas se destacaram pela frequência com que apareceram e, sendo assim, deram origem aos tópicos tratados no capítulo. O item "A educação na *Cinearte*" analisa a concepção de educação presente na revista. Aponta também para uma concepção de educação bastante ampla, que não se reduzia aos bancos escolares, mas que incluía, sobretudo, a educação das massas, sendo o cinema o veículo privilegiado para isso naquele momento.

A seguir, "Comissões, museus, revistas e cinema" aborda a utilização da imagem no início do século XX, no Brasil, e como o uso do cinema na educação se inseriu num processo de ampla circulação de imagens em cidades como São Paulo e Rio de Janeiro. As "imagens em movimento", na forma como foram pensadas por pesquisadores e educadores do período, dão continuidade às coleções dos museus, que incorporaram os filmes documentários, concebidos como verdadeiros arquivos de imagens de diferentes grupos humanos, de variadas localidades geográficas, de diversas culturas, enfim, como um arquivo de conhecimentos sobre o mundo, sendo a exibição desses filmes o novo meio de divulgação.

O cinema educativo, além de ser uma proposta vinculada ao projeto de modernização do Brasil via educação, pode ser também analisado como um projeto de modernização do próprio cinema ou, mais especificamente, como uma proposta de "padronização" das formas de retratar o Brasil por meio dos filmes de não ficção. Esta questão é abordada em "Indígenas, negros e jacarés: a domesticação do cinema nacional", em que a proposta de cinema educativo foi considerada um projeto para educar o próprio cinema, principalmente os filmes que eram chamados de "naturais", um dos principais alvos de crítica da revista *Cinearte*, por representarem o Brasil com imagens de um país selvagem em oposição a um Brasil moderno.

O item "Cinema educativo: o modelo norte-americano" resgata as propostas que serviram de referência à formação de um cinema educativo no Brasil. Muito já se falou da influência dos institutos de cinema educativo europeus, principalmente em países como Alemanha e Itália, entre os anos de 1920 e 1930, mas pouco foi analisado sobre o que os brasileiros assimilaram dos Estados Unidos. Há na revista *Cinearte* referências ao cinema educativo norte-americano, assim como às visitas dos educadores brasileiros e dos próprios realizadores de cinema às cidades norte-americanas, para conhecerem o que era realizado naquele país no âmbito do cinema educativo.

Por fim, o terceiro capítulo, intitulado "Breves anotações bibliográficas", elenca comentários de parte da produção bibliográfica acadêmica que se ocupou da relação entre cinema e educação, principalmente entre os anos 1920 e 1930. Em sua maioria, são pesquisas de mestrado e doutorado de diferentes áreas do conhecimento, espalhadas por universidades de diversos Estados brasileiros, que direta ou indiretamente abordaram a questão. Para a publicação deste livro, fizemos uma atualização dessas informações, acrescentado as pesquisas desenvolvidas mais recentemente. Entretanto, dado o volume de trabalhos que contemplam o tema, não tivemos a pretensão de esgotar o universo de produção dessas pesquisas, mas simplesmente dar uma pequena contribuição aos possíveis interessados por essa bibliografia.

1

O CINEMA NA EDUCAÇÃO

A partir dos anos 1920, intelectuais brasileiros identificaram o atraso da população como uma das questões sociais a serem enfrentadas e empenharam-se em buscar soluções para esse problema; médicos, engenheiros, educadores, confiantes numa perspectiva técnico-científica, imbuíram-se de uma missão "civilizatória" de dimensão nacional.

Os conflitos sociais passaram a ser interpretados dessa nova perspectiva, e não mais exclusivamente a partir das teorias raciais que preconizavam o branqueamento da população brasileira; a questão da raça recebeu um novo enfoque, desviando-se das teorias do final do século XIX, segundo as quais a miscigenação racial justificava a existência de muitos dos problemas sociais. Com o abandono das teorias de branqueamento e, consequentemente, das políticas de imigração, a partir do final da segunda metade da década de 1920, elegeu-se o trabalhador nacional como a nova questão a ser enfrentada; considerado inculto, ele deveria passar por uma mudança de mentalidade pela educação. A escola aparece, então, como recurso de incorporação à ordem política e social da população, considerada imatura para o novo ambiente urbano e industrial. Como sintetiza Capelato, as concepções raciais sofreram certa alteração: em vez de fator determinante e imutável, a raça passou a ser entendida como uma variável que poderia ser manipulada e moldada pela educação[6].

A educação também se colocou como meio para resolver outro problema enfrentado pelo Poder Público: o êxodo do interior do país para cidades como São Paulo e Rio de Janeiro; assim, levar a escola para os sertões brasileiros passou a ser uma das alternativas para manter tais populações nos seus locais de origem. Ao mesmo tempo, continuava necessário consolidar o sistema de ensino nos centros urbanos, a fim de formar os trabalhadores e, sobretudo, as elites dirigentes.

Com a eleição da educação popular como prioridade nas ações governamentais, foram realizadas reformas educacionais, principalmente nos estados do Rio de Janeiro, São Paulo, Ceará e Minas Gerais. Foi nesse contexto de proposições na área das políticas educacionais que surgiram as primeiras formulações do conceito de cinema educativo, que, posteriormente, em 1937, deram origem ao Instituto Nacional de Cinema Educativo.

Como apontaram Schwartzman, Bomeny e Costa, o debate em torno dos rumos que a educação deveria tomar atingiu o ápice na década de 1930, numa conjuntura de centralização do poder no governo de Getúlio Vargas e de fortes disputas políticas entre diferentes setores – tanto liberais quanto antiliberais – com interesses no controle das políticas educacionais[7], de modo que a educação passou a ser palco de confrontação de propostas e projetos políticos para o Brasil. No âmbito dela, sobressaíram-se três grupos: o de Francisco Campos, que defendia um Estado forte e corporativo; a Igreja católica, que não abria mão do ensino religioso nas escolas; e o grupo da Escola Nova, que propunha uma série de reformas educacionais de cunho liberal.

---

6   Maria Helena Capelato, *Os arautos do liberalismo: imprensa paulista 1920-1945*, São Paulo: Brasiliense, 1989.

7   Simon Schwartzman *et al.*, *Tempos de Capanema*, Rio de Janeiro; São Paulo: Paz e Terra; Edusp, 1984.

O movimento Escola Nova, surgido nos anos 1920, reunia educadores, intelectuais e políticos, como Heitor Lira, Antonio Carneiro Leão, Edgar Sussekind de Mendonça, Fernando de Azevedo, Anísio Spinola Teixeira, Manuel B. Lourenço Filho, Francisco Venâncio Filho, Jonathas Serrano, Edgar Roquette-Pinto, Cecília Meireles e Afrânio Peixoto, que ficaram conhecidos como Pioneiros da Educação Nova, ou escolanovistas. O grupo defendia a modernização da sociedade brasileira por meio de uma educação reformulada, que incluía elementos como racionalidade, modernidade e eficiência em suas políticas; entre os escolanovistas, vigorava a utilização da ciência – principalmente dos referenciais teóricos da psicologia e da pedagogia – como procedimento de inovação. A base teórica do movimento eram as ideias de John Dewey (1859-1952), filósofo norte-americano que entre 1894 e 1904 lecionara na Universidade de Chicago, local de nascimento da tradição sociológica que ficou conhecida como Escola de Chicago. Nos anos 1920, Dewey lecionou na Universidade de Columbia, onde foi professor de Anísio Teixeira, que realizava seus estudos de pós-graduação na área de educação.

As primeiras intenções de constituição de um cinema educativo no Brasil surgiram neste contexto de novas propostas educacionais e de disputas políticas entre liberais e antiliberais. Os três setores em questão, Escola Nova, Igreja católica e Estado Novo, fomentaram projetos de utilização do cinema para a educação da população brasileira. Em torno do uso pedagógico do cinema aglutinavam-se posturas ideológicas diferenciadas. A expressão "cinema educativo" reuniu proposições comuns a respeito do cinema como meio de irradiar a cultura pelo vasto território nacional, mas também abrigava educadores com concepções e posturas ideológicas diversas. Faremos a seguir uma breve descrição da trajetória desses homens que formularam as primeiras ideias de cinema educativo no Brasil.

A produção do cidadão moderno

Anísio Teixeira (1900-1971) e Fernando de Azevedo (1894-1974) estiveram juntos no enfrentamento dos problemas decorrentes nas ações de implantação das reformas educacionais: aborrecimentos, falta de apoio político, desavenças, oposições ideológicas e exílio estiveram entre os sobressaltos relatados em cartas trocadas por ambos entre os anos 1920 e 1930. Apesar de deterem referenciais teóricos diversos e de nem sempre compartilharem os mesmos pontos de vista sobre a educação, eles tinham ideais comuns quanto à necessidade de educar a população brasileira, e se uniram para fundar uma nova escola que estaria mais apta a formar cidadãos para uma sociedade moderna.

Azevedo iniciou a sua vida profissional como crítico literário no *Correio Paulista* e no jornal *O Estado de S. Paulo*, e foi num trabalho desenvolvido neste jornal, intitulado "Inquérito sobre a Instrução Pública", de 1926, que seu interesse pela educação foi despertado. O jornal, sob a direção de Júlio de Mesquita Filho, identificava-se com o projeto de reforma liberal para a sociedade brasileira, o qual valorizava a técnica e a ciência como fundamento do saber moderno impulsionador do progresso. Neste projeto de reconstrução, dois fatores eram considerados essenciais: a formação das elites e a educação popular.

Tanto Azevedo como Teixeira consideravam que a questão educacional estava além do problema do analfabetismo, e que os cidadãos precisariam ser educados de forma integral para se inserirem ativamente na vida em sociedade. Partidários do liberalismo, da escola pública e laica, julgavam que o povo se encontrava num estágio infantil e necessitava amadurecer para então poder participar da democracia. Portanto, era preciso educar homens e mulheres com o fim de formar uma opinião pública capaz de diagnosticar os problemas nacionais e de propor soluções. A educação tradicional, de cunho verbalista, deveria ser substituída por uma pedagogia com fins sociais, que formasse seres para o trabalho e para a vida em sociedade. A escola passaria a ter um papel nacionalizador, de integração das várias regiões – dada a diversidade geográfica, étnica, cultural e econômica do país, era preciso despertar o sentimento de brasilidade. A cultura era apontada como um dos caminhos para essa integração, e a ciência merecia um papel de destaque nesse processo como instrumento primordial para a compreensão dos problemas nacionais.

O conceito de cultura utilizado por Azevedo está associado às produções intelectuais e artísticas que contribuíram para a formação das tradições nacionais. Segundo ele, a definição antropológica francesa de cultura abrange tanto os produtos imateriais como os do espírito e afigurou-se como uma violação do seu sentido corrente e tradicional e uma deturpação do vocábulo. Azevedo adota, então, o conceito de cultura de Wilhelm von Humboldt, para quem ela está associada à produção intelectual e artística para satisfazer às necessidades espirituais; esta produção cultural é realizada por "uma elite incessantemente renovada, de indivíduos, sábios, pensadores e artistas, que constituem certa formação social, acima das classes e fora delas"[8]. Azevedo enfatiza a necessidade de se criar instituições destinadas à transmissão da cultura produzida e/ou sistematizada por uma elite, considerando a educação o principal veículo de irradiação da cultura e da civilização.

No livro *Sociologia educacional*, publicado em 1940, ele expõe as premissas teóricas que nortearam sua ação na área educacional como político, teórico e professor[9]. A base teórica desse trabalho é, sem dúvida, o pensamento de Émile Durkheim sobre educação, segundo o qual a educação é um fenômeno social responsável pela transmissão da tradição e pela coesão social do grupo. As ideias, normas e práticas que servem de base à vida social constituem os padrões de cultura do grupo e são transmitidas aos indivíduos por uma constante ação da sociedade: pelos meios pedagógicos,

---

8 Fernando de Azevedo, *A cultura brasileira*, Brasília: Editora da UnB, 1963, p. 38.

9 Idem, *Sociologia educacional: introdução ao estudo dos fenômenos educacionais e de suas relações com outros fenômenos sociais*, São Paulo: Melhoramentos, 1964.

proporcionados pela instituição escolar; pelas técnicas de comunicação, como o livro, o cinema e o rádio; e pelos meios de transporte, que facilitam o processo de assimilação.

Para Azevedo, a assimilação é a chave para a formação da nação, já que, sem instituições homogêneas e tradições comuns, seria impossível estabelecer uma vida coletiva. Além da influência do sociólogo francês, estão presentes na reflexão de Azevedo as teorias de John Dewey, segundo o qual a educação não se dá somente na escola, mas é proporcionada por todo o meio social a que as novas gerações têm acesso. Para Azevedo, seria possível unir o conceito de transmissão de Durkheim e o de reconstrução de Dewey, já que o jovem assimila o que foi transmitido pela tradição ao mesmo tempo que reconstrói novos conhecimentos. As formas de experiência social que são transmitidas por uma geração não são recebidas passivamente, mas reconstruídas e modificadas, sendo reintegradas ao patrimônio social e cultural de determinada sociedade. "É por isto que, como observa Dewey, uma sociedade humana está sempre começando de novo, sempre em processo de renovação e perdura só por causa da renovação"[10].

Admiradores dos Estados Unidos, Fernando de Azevedo e Anísio Teixeira defendiam a democracia liberal, a garantia do voto universal, secreto e direto, e a constituição da opinião pública com base num projeto pedagógico[11]. Consideravam que, para que esse projeto pudesse ser realizado no Brasil, era necessário aprofundar os conhecimentos sobre o país, motivo pelo qual Azevedo fundou, em 1931, a coleção Brasiliana, que, nas palavras de Teixeira, era uma obra destinada a "descobrir o Brasil aos brasileiros", assim como tinham sido as obras de Silvio Romero, Euclides da Cunha e as expedições de Rondon pelos sertões, que conseguiram dar "claridade aos muitos Brasis"[12].

---

10 *Ibidem*, p. 76.

11 Maria Helena Capelato, *Os arautos do liberalismo: imprensa paulista 1920-1945*, *op. cit.*

12 Fernando de Azevedo, *A educação entre dois mundos: problemas, perspectivas e orientações*, São Paulo: Melhoramentos, 1958a, p. 15.

Como integrante dos setores administrativos, Fernando de Azevedo ocupou cargos ligados à escola primária, secundária, normal e superior. Foi responsável pela reforma educacional de 1928, quando ocupava o cargo de diretor da Instrução Pública do Rio de Janeiro. Em 1932, redigiu o *Manifesto dos pioneiros da educação nova*, no qual foram lançadas as diretrizes de uma nova política de educação, inspirada em novos ideais pedagógicos e sociais. Segundo Azevedo, elas foram elaboradas para uma civilização urbana e industrial, com o objetivo de romper com as tradições exclusivamente individualistas da política no país, de fortalecer laços de solidariedade nacional e de manter os ideais democráticos de nossos antepassados. Foram pensadas, também, a fim de adaptar a educação à vida, "às transformações sociais e econômicas, operadas pelos inventos mecânicos que governam as forças naturais e revolucionam hábitos de trabalho, de recreio, de comunicação e de intercâmbio"[13]. Tanto na reforma de 1928 como no manifesto de 1932, estão presentes duas vertentes: a necessidade de uma mudança de mentalidades; e a ideia de que a discussão sobre a educação deve relacionar-se com as suas finalidades sociais[14].

Em 1935, pelo posicionamento em defesa da escola pública, laica e gratuita, Fernando de Azevedo e Anísio Teixeira passaram a ser tachados de comunistas pelos educadores católicos e foram afastados dos principais cargos governamentais; Dewey, nos Estados Unidos, sofreu a mesma acusação por afirmar que não vivia numa sociedade democrática, já que esta se encontrava dividida em classes sociais. Entretanto, tanto Dewey quanto os dois brasileiros eram liberais que defendiam a presença do Estado nas políticas sociais.

Segundo Rocha, o *Manifesto dos pioneiros da educação nova* representou uma nova modernidade na política educacional brasileira, carregando uma crítica às antigas estruturas, as quais

---

13   *Idem, A cultura brasileira, op. cit.,* p. 666.

14   Maria Luiza Penna, *Fernando de Azevedo: educação e transformação*, São Paulo: Perspectiva, 1987.

utilizavam a educação como reprodutora das desigualdades sociais[15]. Não é sem razão que, em *A cultura brasileira*, Fernando de Azevedo iguala as reformas educacionais promovidas por ele à inovação artística da Semana de 1922[16], já que as suas ideias vão de fato subverter as concepções educacionais da época – note-se que o seu vínculo será maior justamente com aqueles intelectuais que foram colocados à margem pelos membros da Semana de 1922, tais como Cecília Meireles e Monteiro Lobato, com os quais estabelecerá uma forte amizade e afinidade quanto aos ideais educacionais e políticos. Desde a década de 1910, Lobato, engajado na causa nacionalista, tivera um importante papel no cenário paulista, criando um espaço dissidente na cena intelectual da cidade e atraindo muitos seguidores preocupados com o resgate de uma cultura genuinamente nacional. Nesses anos, Lobato queria descobrir as raízes da brasilidade e da verdadeira cultura do povo, e, nesta perspectiva, interessou-lhe a viagem de Roquette-Pinto pelo interior do país com a Comissão Rondon e o livro decorrente da empreitada, intitulado *Rondônia*.

Posteriormente, Monteiro Lobato conheceu Anísio Teixeira em Nova York, quando este fazia pós-graduação na Teachers College da Universidade de Columbia, onde recebeu o título de *Master of Arts*; logo se tornaram amigos, e a admiração que nutriam pelos Estados Unidos os uniu por longos anos. Em 1924, antes mesmo de sua ida ao país, Anísio havia entrado em contato com leituras da área e se interessado pela educação norte-americana, que considerava perfeitamente integrada à sociedade moderna. Em *Aspectos americanos da educação*, ele faz uma longa exposição das ideias de John Dewey sobre educação e descreve algumas experiências de escolas norte-americanas, por ele visitadas, que passaram por uma renovação educacional.

---

15 Marcos Bessa Mendes da Rocha, "A outra modernidade educacional: da geração dos críticos republicanos aos pioneiros da educação", *Educação em Foco*, Juiz de Fora: set.-fev. 2002/2003, v. 7, n. 2.

16 Fernando de Azevedo, *A cultura brasileira*, *op. cit.*

Em 1929, de volta dos Estados Unidos, Lobato apresentou Anísio a Fernando de Azevedo, e os dois se tornaram próximos, unidos pela defesa da aplicação das teorias da Escola Nova no Brasil, cujas bases – a crença no vínculo do processo educacional com a formação democrática do cidadão, ou seja, na ideia de que a escola deveria promover a prática da democracia – Teixeira trouxera ao Brasil a partir de sua experiência acadêmica diretamente com John Dewey[17].

Dewey considerava que a educação conservadora tinha se restringido à aquisição de conhecimentos sobre matérias sem nenhum contato com a vida social ou com a experiência do aluno, ou seja, que a pesquisa estava confinada à erudição, distante das reações e dos impulsos do homem comum. Já de acordo com os seus princípios, deixam-se de lado as imposições hierárquicas para se chegar ao consenso pela exposição dos pontos de vista e pelo diálogo, de modo que "[o] senso comum reabilitado como fonte de pesquisa, conhecimento, razão e experimento científico é a massa com a qual o pragmatismo vai conformando sua proposta pedagógica"[18]. As verdades são, portanto, provisórias, e não eternas; são fruto desse consenso elaborado coletivamente. A educação, para Dewey, é consequência de tal processo de reconstrução da experiência e de comunicação, e é pela educação que a vida social se perpetua, pela transmissão de valores de uma geração a outra.

Nesse sentido, os meios de comunicação, como o cinema, teriam um importante papel, pois poderiam auxiliar na criação de uma consciência comum e na instauração do diálogo para a formação de uma democracia participativa. O conceito de democracia em Dewey implica um movimento constante da sociedade em direção ao progresso, logo, democracia significa uma sociedade em permanente estado de reconstrução, cabendo aos educadores a

---

17 Anísio Teixeira, "A reconstrução do programa escolar", *Escola Nova*, São Paulo: 1930a, v. 1, n. 2-3, p. 3.

18 Helena Bomeny, *Darcy Ribeiro: sociologia de um indisciplinado*, Belo Horizonte: UFMG, 2001, p. 36.

tarefa de modificar hábitos e costumes em favor da construção da sociedade democrática[19].

Essa crença é uma das matrizes da formulação do cinema educativo no Brasil – em que os escolanovistas, como educadores, pensaram em instrumentos que renovassem a prática pedagógica a fim de promover maior interesse e de contribuir para criar um ambiente de aprendizagem mais próximo da experiência do aluno. A ideia de um cinema educativo também se justificava pela ênfase que era dada, no pensamento de John Dewey, à ciência – para ele o aluno, no seu processo de aprendizagem, deveria ter a mesma experiência de um cientista, passar pelos mesmos processos de investigação, pelas mesmas etapas de pesquisa –; pois o cinema possibilitaria essa experiência tal como no laboratório ao reproduzir as cenas de um experimento científico ou de determinados movimentos que ocorrem na natureza, como o desabrochar de uma flor, o nascimento de um animal, a metamorfose de um inseto. Assim, o aluno teria maior proximidade com determinados fenômenos e a possibilidade de observar sem precisar se deslocar do ambiente da escola.

Para Anísio Teixeira, a escola não deveria se colocar de forma isolada, mas como um lugar onde se desenvolve uma situação real de vida, e onde indivíduo e sociedade se constituam como uma unidade orgânica. Após sua viagem aos Estados Unidos, Anísio Teixeira interessou-se também pela pesquisa e, muito especialmente, pelo tipo de pesquisa que se ancorava na tradição da escola de Chicago, que abandonou a tradição especulativa dos construtores de grandes sistemas teóricos em proveito da elaboração de conhecimentos realmente positivos, baseados na pesquisa empírica indutiva, permitindo aplicações sociais imediatas. As concepções de Anísio Teixeira, por influência das teorias do filósofo John Dewey, propunham a reconstrução do indivíduo para poder atingir o

---

19 Marcus Vinicius Cunha, "John Dewey e o pensamento educacional brasileiro: a centralidade da noção de movimento", *Revista Brasileira de Educação*, n. 17, 2001, p. 86-89.

social. A escola teria, assim, uma função social, devendo a metodologia e os currículos estarem ajustados ao conceito de "eficiência social". A educação promoveria uma vida social de plena e larga participação, sem barreiras e sem limitações, com uma confiança no homem comum. Esse projeto educacional só seria possível para Anísio Teixeira se a educação realmente instrumentalizasse todo o cidadão para a vida de grupo[20].

Teixeira, como secretário de educação do Rio de Janeiro, professor da Escola de Educação do Distrito Federal e idealizador da Universidade do Distrito Federal, atuou determinantemente nas políticas educacionais brasileiras. Quando assumiu a Diretoria de Instrução Pública do Distrito Federal, "criou a Divisão de Biblioteca Central e Cinema Educativo com uma filmoteca considerada como centro de atividades para auxiliar a educação e fornecer filmes às escolas do Rio de Janeiro"[21]; e, preocupado em formar os professores no uso do cinema educativo, em treiná-los no manuseio de aparelhos de projeção, "procurou instituir na Filmoteca da Biblioteca Central de Educação um curso com essa finalidade, a cargo de um técnico cinematografista"[22].

Em 1º de dezembro de 1935, atingido pelas medidas repressivas do governo de Getúlio Vargas, perdeu o cargo, sendo substituído por Francisco Campos, defensor de ideias contrárias às suas no terreno da pedagogia. Esse fator provocou a renúncia, em protesto, de Heitor Villa-Lobos, diretor de educação artística e musical do Distrito Federal, além de Afrânio Peixoto e outros.

Durante todo o período do Estado Novo, Anísio Teixeira se dedicou a negócios pessoais, tornando-se minerador e exportador de minérios até 1945. Nesse tempo, trocou várias cartas com

---

20 Anísio Teixeira, *Aspectos americanos de educação*. Salvador: Tipologia de São Francisco, 1928, p. 32.

21 Maria Lúcia Morrone, *Cinema e educação: a participação da "imagem em movimento" nas diretrizes da educação nacional e nas práticas pedagógicas escolares*, dissertação (mestrado em História e Filosofia da Educação) – USP, São Paulo: 1997, p. 53.

22 *Ibidem*, p. 73.

Monteiro Lobato, nas quais fez críticas ao governo de Getúlio Vargas, comentários a respeito da política educacional e desabafos relativos aos percalços nos negócios. Em 1946, vivendo na Europa, tornou-se conselheiro da Unesco, regressando ao Brasil no ano seguinte; em 1952, dedicou-se à direção do Instituto Nacional de Estudos Pedagógicos (Inep) e, em 1957, ao ensino superior na Universidade do Brasil. No país, foi tradutor de John Dewey; o movimento de trazer autores estrangeiros correspondia às pretensões de um grupo de intelectuais do período de contribuir para a formação de um pensamento social brasileiro, assim como de formar intelectualmente jovens capazes de constituir uma nova elite dirigente. A ideia de "reconstrução nacional" estava fortemente apoiada na premissa de que o que faltava no Brasil eram recursos intelectuais que pudessem dar uma nova interpretação para os problemas sociais. Considerando essa finalidade, o contato com uma literatura internacional, entre elas a norte-americana, comporia para Anísio Teixeira, por exemplo, uma "dieta" recomendável.

Podemos dizer que o maior discípulo de Anísio Teixeira foi Darcy Ribeiro, considerado por Bomeny o último membro da Escola Nova no Brasil[23]. Darcy "elegeu como objetos de interesse acadêmico e político os índios e a educação. O primeiro viria do contato com Rondon [...]. [E] a educação lhe foi aquinhoada como gosto e bandeira política por Anísio Teixeira"[24]. A feição nacionalista dos anos de 1920 e 1930 foi igualmente mantida nos projetos de Darcy Ribeiro, aproximando-o do modernismo de Mário de Andrade, que valorizou a cultura brasileira. Darcy Ribeiro desenvolveu atividades de pesquisa e de documentação como etnólogo, com o auxílio da fotografia e dos filmes disponíveis no Serviço de Proteção ao Índio (SPI), que contava com uma sessão de cinematografia da vida indígena. Anos mais tarde, em 1964, quando participou da criação da Universidade de Brasília, procurou integrar o

---

23 Helena Bomeny, *Darcy Ribeiro: sociologia de um indisciplinado, op. cit.*
24 *Ibidem*, p. 56.

cinema à vida universitária, convidando Paulo Emílio Salles Gomes para fundar a Escola de Cinema da UnB[25].

Propagar uma ordem cultural

Lourenço Filho (1897-1970) foi um dos signatários do *Manifesto dos pioneiros*, de 1932, e adepto das teorias educacionais da Escola Nova. Iniciou os seus estudos no interior de São Paulo, na Escola Normal de Pirassununga, e diplomou-se como professor na Escola Normal de São Paulo, ou Escola da Praça, tendo se dedicado mais especificamente aos estudos de pedagogia e psicologia social. Nos anos 1910, participou dos círculos intelectuais da cidade de São Paulo e foi bastante próximo de Monteiro Lobato. A convite deste, trabalhou como redator auxiliar na *Revista do Brasil*; mais tarde, em 1919, tornou-se colaborador do jornal *O Estado de S. Paulo*. Em 1922, Lourenço Filho foi chamado para ocupar o cargo de diretor da Instrução Pública do Estado do Ceará e, daí até 1924, realizou várias reformas no ensino local; a partir dessa experiência, Lourenço Filho publicou uma série de artigos em *O Estado de S. Paulo* que resultou no livro *Juazeiro do Padre Cícero*, de 1926, do mesmo modo como havia ocorrido com Euclides da Cunha em *Os Sertões*, publicado em 1902. No Ceará, as reformas de Lourenço Filho haviam esbarrado na resistência do povo de Padre Cícero, em Juazeiro, cujo "fanatismo religioso e patologia social", nas palavras do próprio Lourenço Filho, o deixaram impressionado[26]; entretanto, a sua explicação para os males sociais, diferentemente da de Euclides da Cunha, não eram os determinismos raciais e climáticos, mas, sobretudo, a questão cultural.

Em 1929, publicou o livro *Introdução à Escola Nova*, no qual expõe os princípios teóricos dos autores que propuseram a

---

25 Darcy Ribeiro, *Confissões*, São Paulo: Companhia das Letras, 1997.

26 Marta Maria Chagas de Carvalho, "A República, a escola e os perigos do alfabeto", em: Maria Ligia Coelho Prado e Diana Gonçalves Vidal, *À margem dos 500 anos: reflexões irreverentes*, São Paulo: Edusp, 2002, p. 210.

renovação educacional; num dos capítulos, aborda a influência dos estudos sociais na atividade escolar, salientando a relação entre a comunidade e a escola. Com base em Dewey, Lourenço Filho afirmava que a Escola Nova tinha dois lemas centrais: "a escola centrada na criança e a escola centrada na comunidade". Para que houvesse o envolvimento da escola com a comunidade, uma série de instituições deveria gravitar em torno da escola: "associações de pais e mestres, os clubes de pais, as caixas e cooperativas escolares, e ainda, quando congregam as famílias, o teatro escolar, o cinema escolar, as bibliotecas escolares, os parques de jogos"[27]. A escola, ao envolver-se com as instituições locais, funcionaria como uma "comunidade em miniatura", além de estender sua ação para além dos limites da educação escolar.

> A visão social da ação educativa da escola pode levar assim, onde conveniente, à organização de extensos e complexos programas de educação de adultos e organização da comunidade. Esses programas constituem recursos muito valiosos para a difusão do que se convencionou chamar de educação de base, com ação conjunta sobre crianças, adolescentes e adultos. Em regiões subdesenvolvidas, é ela muitas vezes conduzida por missões educativas, ou missões culturais, de maior ou menor duração. Tenta-se com isso diminuir a situação de marginalismo cultural de grupos rurais em grande atraso, como também de grupos urbanos nessa condição, e que comumente vivem em bairros muito pobres, ou favelas[28].

As observações de Lourenço Filho sobre a relação entre a escola e a comunidade demonstram o amplo papel imputado à escola pelos educadores da Escola Nova. Mais do que um programa de reforma das práticas escolares, o projeto dos escolanovistas era a educação da sociedade brasileira de uma forma geral, a fim de

---

27 Lourenço Filho, *Organização e administração escolar: um curso básico*, São Paulo: Melhoramentos, 1963.
28 *Ibidem*, p. 136.

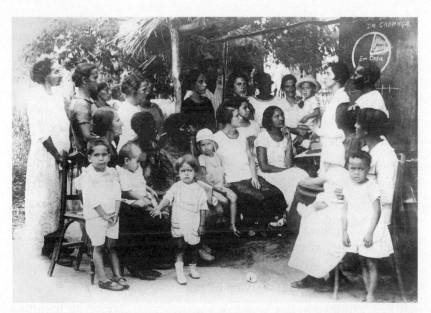

Fotografia de atividade educacional em escola rural, entre 1924 e 1937. Arquivo Lourenço Filho, Acervo CPDOC-FGV.

eliminar o atraso em que ela vivia devido aos problemas de ordem cultural. Se, por um lado, os escolanovistas negaram que o atraso nacional fosse fruto de questões biológicas, em decorrência da miscigenação racial; por outro, concebiam a ordem cultural composta por um conjunto de valores únicos, ou seja, valores referentes à civilização europeia e norte-americana. O que estivesse fora desses parâmetros não era cultura e deveria ser erradicado em nome de uma unidade nacional e cultural.

Essa missão educativa deveria lançar mão dos mais variados recursos, e, num país tão vasto como o Brasil, nada seria mais eficiente para irradiar a cultura do que os meios de comunicação de massa. A relação entre esses meios de comunicação e as práticas pedagógicas, nos termos postos pelos autores dos anos 1920 e 1930, não se restringe exclusivamente às ações desencadeadas nos bancos escolares. A visão educativa adquire o sentido de missão civilizatória. O cinema era valorizado por sua vocação democrática na perspectiva do amplo alcance que possuía, ao atingir diferentes grupos sociais e regiões geográficas. Era exaltado por representar a passagem de uma "civilização de comunicação verbal para uma sociedade industrial que veiculava, de forma acelerada, as mensagens audiovisuais. Era a chegada do mundo moderno, marcado pela presença da visualidade e da sonoridade"[29].

Em 1930, Lourenço Filho foi nomeado diretor-geral da Instrução Pública de São Paulo; nessa posição, reorganizou os serviços técnicos, promoveu uma descentralização administrativa no ensino paulista, criou a Biblioteca Central Pedagógica, instituiu o cinema educativo, reorganizou o ensino normal e promoveu a aplicação de testes psicológicos nas escolas, novidade no cenário pedagógico brasileiro. Posteriormente, exerceu diversos cargos na administração pública federal: diretor de gabinete de Francisco Campos, em 1931; diretor-geral do Departamento Nacional de Educação, em 1937, nomeado por Gustavo Capanema; e diretor do Instituto Nacional de Estudos Pedagógicos, entre 1938 e 1946.

Em 1934, ano em que foi eleito presidente da Associação Brasileira de Educação (ABE) como membro do Conselho Nacional de Educação, realizou uma viagem aos Estados Unidos a fim de conhecer a experiência norte-americana na área de educação; com outros brasileiros, como Carneiro Leão, visitou diversas escolas e se deparou com alguns problemas enfrentados por elas, entre eles a formação de professores, que assim relatou a Anísio Teixeira: "Começa-se a perceber quanto à formação de professores que há necessidade de maior cultura geral, em vez de aprendizado técnico '*on side*'. Ideia muito sua, aliás, sempre preocupado com este problema"[30]. De fato, a preocupação com a formação dos professores aparece em vários textos dos educadores vinculados à Escola Nova – e a formulação de um cinema educativo se destinaria também

---

29 Maria Eneida Fachini Saliba, *Cinema contra cinema: uma paixão de juventude de Canuto Mendes (1922-1931)*, dissertação (mestrado em História Social) – USP, São Paulo: 2001, p. 137.

30 FGV/CPDOC, *AT c 1929.11.01*, Arquivo Anísio Teixeira (AT), correspondência entre Anísio Teixeira e Manoel Bergström Lourenço Filho, destacando-se os assuntos referentes a estudos sobre educação e acerca dos andamentos dos trabalhos no Instituto de Educação, Rio de Janeiro, São Paulo, 1º nov. 1929 a 23 out. 1961.

a esse público. Na volta dos Estados Unidos, Lourenço Filho foi nomeado professor de psicologia educacional da Escola de Educação da Universidade do Distrito Federal, além de diretor da mesma escola. Em 1938, quando assumiu o Instituto Nacional de Estudos Pedagógicos e se aproximou do governo Vargas, foi duramente criticado por se distanciar dos ideais da Escola Nova e identificar-se com o ideário varguista.

A moralização do cinema pela educação

Jonathas Serrano (1885-1944) e Venâncio Filho (1894-1946), ao mesmo tempo que faziam parte do movimento Escola Nova, tinham grandes afinidades com o pensamento católico brasileiro, que, segundo Morrone, "se fundamentava nas Encíclicas Papais *Divini Illius Magistri* (1929) e *Cum Vigilanti Cura* (1939). Essas cartas pontifícias ressaltavam o papel e a influência do cinema na difusão e consolidação de princípios éticos e morais"[31]. Durante o Estado Novo, os dois educadores atuaram no Secretariado de Cinema e Imprensa, subordinado à Junta Nacional de Ação Católica Brasileira, órgão que trabalhava em prol da moralização do cinema segundo as diretrizes da Igreja. Em 1936, Jonathas Serrano organizou o Serviço de Informações Cinematográficas da Ação Católica Brasileira, destinado à cotação moral de filmes[32].

A Igreja católica defendia a obrigatoriedade do ensino religioso nas escolas e era contrária à coeducação dos sexos e ao monopólio estatal do ensino. Era uma força que mobilizava grande parcela da população e tinha nos seus quadros nomes como Jackson de Figueiredo, que influenciou fortemente a Igreja nos anos de 1920, e Alceu Amoroso Lima, que, nos anos posteriores, desempenhou papel de liderança no contexto do pensamento católico brasileiro.

---

31 Maria Lúcia Morrone, *Cinema e educação: a participação da "imagem em movimento" nas diretrizes da educação nacional e nas práticas pedagógicas escolares, op. cit.*, p. 77.

32 *Ibidem.*

De acordo com Pécaut, Jackson de Figueiredo defendia que a religião deveria ser a base da nação, a força de coesão social que provocaria a unidade entre os elementos diversos, sendo que a cultura seria o principal veículo das ideias religiosas[33]. A Igreja católica, proprietária de uma grande rede de escolas pelo país, interferiu ativamente na política educacional nacional, como também nas diretrizes que se desenvolveram a partir de 1930; foi grande opositora das ideias liberais defendidas pelos integrantes do movimento Escola Nova, muitas vezes identificados com o marxismo, em razão da vinculação ao pragmatismo materialista por parte de alguns de seus ideólogos, como Anísio Teixeira.

A Igreja católica também incluía no seu programa educacional a utilização dos meios de comunicação de massa, como o cinema; segundo Morrone, para os católicos "o cinema foi considerado um dos meios de comunicação de fundamental importância no processo educativo, para a difusão dos princípios de moralização e disciplinarização da sociedade"[34]. Ou seja, as suas atividades com relação aos filmes eram, em geral, de cunho moralista; a Igreja atuava na censura de filmes considerados nocivos à sociedade e na orientação do público quanto ao valor artístico e moral das fitas exibidas no país, no sentido de preservar os valores morais e cristãos da sociedade.

Jonathas Serrano foi um dos nomes que atuaram na perspectiva da moralização do cinema tal como preconizava a Igreja católica. Ele foi subdiretor técnico de Instrução Pública do Distrito Federal entre os anos de 1928 e 1930, foi membro da Comissão de Censura Cinematográfica de 1932 e fundou e presidiu o Secretariado de Cinema da Ação Católica, que tinha por objetivo aconselhar os espectadores quanto aos filmes que estavam em cartaz. Esse

---

33 Daniel Pécaut, *Os intelectuais e a política no Brasil: entre o povo e a nação*, São Paulo: Ática, 1990.

34 Maria Lúcia Morrone, *Cinema e educação: a participação da "imagem em movimento" nas diretrizes da educação nacional e nas práticas pedagógicas escolares*, *op. cit.*, p. 79.

secretariado publicava um boletim semanal, afiliado ao Office Catholique International du Cinéma, com um comentário sobre os filmes e alertava sobre o que poderia ou não ser visto pelo público infantil[35]. Serrano foi um dos principais nomes vinculados ao cinema educativo a aparecer no meio cinematográfico, graças aos artigos publicados na Ação Católica e na revista *Cinearte*, para a qual tornou-se uma das referências sobre o cinema educativo, sendo frequentemente citado em suas páginas. Atuando como "despertador" para o cinema entre os católicos, defendeu normas precisas para lidar com o problema moral que a influência dos filmes poderia exercer sobre os jovens[36]. Em 1930, publicou o livro *Cinema e educação* com Francisco Venâncio Filho.

Venâncio Filho foi aluno de Edgar Roquette-Pinto no ensino secundário, na cátedra de história natural, e formou-se pela Escola Politécnica do Rio de Janeiro, mas teve sua vida profissional voltada para as questões educacionais, tendo sido, de 1924 a 1946, professor de física no Colégio Bennett, no Rio de Janeiro. Aproximou-se das ideias educacionais norte-americanas, tornando-se, assim como Anísio Teixeira, um entusiasta dos Estados Unidos e da ideia de que uma nação deveria ser composta a partir dos elementos da vida moderna norte-americana: engenharia, máquina e ciência[37].

Como muitos intelectuais da época, Venâncio Filho era um admirador de Euclides da Cunha, e realizou muitas iniciativas a fim de popularizar a obra euclidiana: reuniu documentos, fundou um grêmio intitulado Euclides da Cunha, proferiu palestras sobre a obra do autor e publicou artigos sobre ele. Admirava a exposição da realidade encontrada em Canudos, porém reconhecia as limitações da análise feita em *Os sertões*, identificando como principais problemas das interpretações da realidade brasileira no autor: "o

---

35 Taís Campelo Lucas, *Cinearte: o cinema brasileiro em revista (1926-1942)*, dissertação (mestrado em História) – UFF, Niterói: 2005, p. 112.

36 *Ibidem.*

37 João Marcelo Maia, "Vicente Licínio Cardoso e a 'América' da engenharia brasileira", *Revista Intellectus*, Rio de Janeiro: 2005, ano 4, v. 1.

autoctonismo do homem americano, os prejuízos da mestiçagem e o esmagamento das raças fracas pelas raças fortes"[38]. Justificava o equívoco de Euclides da Cunha de utilizar as teorias raciais como explicação para Canudos pelo fato de ser uma leitura corrente no início do século XX, quando então *Os sertões* foi elaborado.

Venâncio Filho participou como técnico do Ministério da Educação na Reforma Francisco Campos, para a qual colaborou na elaboração de programas de ciências naturais. Após 1935, com a saída de Anísio Teixeira da Secretaria de Educação, passou, como muitos dos integrantes do movimento Escola Nova, a ser perseguido pelo governo Vargas.

Com outros engenheiros, como Heitor Lyra, participou, em 1924, da fundação da Associação Brasileira de Educação, onde até 1946 dedicou-se aos cursos de férias dos professores primários, que, durante a guerra, foram transformados em cursos pelo rádio. Venâncio Filho dedicou-se ao estudo e à análise das técnicas modernas de comunicação – o rádio, o cinema e, paralelamente, os museus – com vistas à utilização na educação, cujas questões tratou no livro *Educação e seu aparelhamento moderno*, editado em 1941. Participou, com Heloísa Alberto Torres, Edgar Sussekind de Mendonça, Dulcídio Pereira e outros, da fundação da Rádio Sociedade do Rio de Janeiro, sob a égide de Edgar Roquette-Pinto e de Henrique Morise. Também foi, de 1941 a 1943, colaborador na seção educacional da revista *Cultura Política*, patrocinada pelo Departamento de Imprensa e Propaganda (DIP). Em 1942, era o responsável pelo curso de física da Universidade do Ar, da Rádio Nacional do Rio de Janeiro, e encarregou-se da crônica científica que semanalmente retratava aspectos da ciência no Brasil. Analisou as relações entre o cinema e a educação e o papel que o cinema poderia exercer nas missões rurais; também prestou forte colaboração a Roquette-Pinto no desenvolvimento dos trabalhos do Ince.

---

38 Alberto Venâncio Filho, *Francisco Venâncio Filho: um educador brasileiro*, Rio de Janeiro: Nova Fronteira, 1995, p. 262.

Numa conferência proferida em 1976, em homenagem a Venâncio Filho, encontramos a seguinte referência ao Ince:

> [...] promoveu Roquette, em 1934, a criação do Instituto Nacional do Cinema Educativo. Foi uma das iniciativas mais fecundas por ele tomadas. Vinha ela ao encontro das aspirações de numerosos educadores em nosso país. Desde 1931, clamava Venâncio Filho por tal instituição. Um dos seus livros, publicado naquele ano, atesta o seu clarividente propósito. Era o cinema, então, o tema de eleição de numerosos intelectuais brasileiros. Na revista *Fan*, Otavio de Faria e seus amigos pregavam o credo do cinema puro, pondo em confronto a imagem e a palavra. A Venâncio, interessava mais o papel do cinema como fator de civilização. Os escritos que consagrou ao seu emprego no ensino e na pesquisa revelam a lúcida visão que teve, há 40 anos, das suas prodigiosas possibilidades[39].

Após a criação do Ince sob a coordenação de Roquette-Pinto, Venâncio Filho passou a escrever roteiros para os filmes educativos ali produzidos. Mesmo após o afastamento de Roquette-Pinto, por motivos de saúde, continuou a fazer parte do instituto, com Pedro Gouvêa Filho, Pascoal Lemme e Moisés Xavier de Araújo, todos técnicos de educação federal e amigos de Fernando de Azevedo[40]. O jornalista Fernando Segismundo confirma que Venâncio Filho era assíduo frequentador do Ince, não apenas auxiliando na redação dos "*scripts* com fins escolares, [mas] fornecendo materiais e coadjuvando o cineasta Humberto Mauro a passá-los para o celuloide"[41].

---

39 *Ibidem*, p. 108.
40 *Ibidem*.
41 *Ibidem*, p. 203.

Os meios de comunicação e a educação popular

Roquette-Pinto (1884-1954) exerceu diversas atividades: foi antropólogo, médico-legista, folclorista, radialista, linguista etc. Formou-se médico em 1905 pela Faculdade de Medicina da Universidade do Rio de Janeiro, porém, ao contrário de grande parte dos médicos do final do século XIX, não acreditava que os problemas da sociedade brasileira, ou, mais especificamente, do homem "brasiliano", como preferia chamar, poderiam ser resolvidos pelos procedimentos médicos. Para poder encontrar soluções para o povo brasileiro, dedicou-se então à antropologia, tornando-se, em 1906, professor assistente do Museu Nacional. Como antropólogo, opunha-se às teorias raciais que consideravam o mestiço um tipo biologicamente inferior; acreditava que os problemas nacionais eram decorrentes de "causas muito mais 'sociaes' do que 'biológicas'"[42] e que, portanto, a solução para eles não estava em branquear a população, tese em voga naqueles tempos, mas sim em educar todos os homens, fossem pardos, brancos ou negros. A educação do povo brasileiro passou a ser o seu maior projeto, e o que estabeleceu o elo entre todas as suas atividades. Ainda assim, a sua concepção de educação estava atrelada à sua formação como médico e antropólogo,

> [a]final, verificou-se que a hygiene, sosinha, não consegue impedir que surjam certos typos de enfermos. Porque há "doenças de raça", há doenças ou deficiências de gérmen. E a hygiene não vae lá. Mais depressa vae lá a educação, promovendo a seleção artificial da boa semente, facilitando a sua larga propagação e entrando, senão estancando, a má. De onde ser a "herança biológica" o verdadeiro domínio da Eugenia[43].

---

42 Edgar Roquette-Pinto, *Ensaios de anthropologia brasiliana*, São Paulo: Editora Nacional, 1933a, p. 62.

43 *Ibidem*, p. 71.

A eugenia estava em voga naqueles tempos: na Europa e nos Estados Unidos, várias publicações e experiências eram realizadas com base nas teses eugênicas, de cujas discussões Roquette participou integrando o I Congresso de Eugenia no Brasil, no qual foi estabelecida uma série de recomendações para a questão da migração do homem do interior do país. Ao mesmo tempo que ele parece concordar com as novas teses a respeito da necessidade de educar a população brasileira, há em seu pensamento uma transposição das leis da eugenia para o campo sociocultural, de modo que o melhoramento da raça não se daria, como defendiam as teorias raciais do passado, vinculadas às leis da eugenia, na dimensão biológica, mas na esfera sociológica ou antropológica, tendo como elemento chave de transformação a educação. Como se vê, e como afirma Ribas, permanece no pensamento de Roquette-Pinto da época "a necessidade de depuração de raças, tipos ou grupos sociais que pudessem obstaculizar o desenvolvimento do país rumo à modernização"[44]. A principal diferença de seu pensamento, então, é que essa depuração se daria com o auxílio da educação do povo brasileiro; nas suas palavras, a "anthropologia prova que o homem, no Brasil, precisa ser educado e não substituído"[45]. Segundo Roquette-Pinto, a maior parte dos problemas brasileiros deriva da "política sanitária e educativa"[46].

Ele se alinhava à tradição de Cândido Rondon, para quem o sertão era o berço do legítimo brasileiro, empreendedor, aventureiro e insubmisso. Em 1906, viajou pelo Rio Grande do Sul para estudar os sambaquis e, em 1912, fez a sua mais importante viagem: foi para Mato Grosso como integrante da expedição Rondon. Nesta viagem, gravou os cantos dos nativos e filmou e fotografou os habitantes daquela região; todo o material coletado foi entregue

---

44 João Baptista Cintra Ribas, *O Brasil é dos brasilianos: medicina, antropologia e educação na figura de Roquette-Pinto*, dissertação (mestrado em Antropologia Social) – Unicamp, Campinas: 1999, p. 85.

45 Edgar Roquette-Pinto, *Rondônia*, 6. ed., São Paulo: Editora Nacional; Brasília: INL, 1975.

46 João Baptista Cintra Ribas, *op. cit.*, p. 85.

ao Museu Nacional. Com o que viu e anotou da viagem, escreveu o livro *Rondônia*, que logo se tornou referência obrigatória para quem quisesse conhecer o interior do Brasil; nele, defende a necessidade de proteção ao indígena, por este ser impossibilitado de tornar-se cidadão: "nosso papel social deve ser simplesmente proteger sem procurar dirigir, nem aproveitar essa gente. Não há dois caminhos a seguir. Não devemos ter a preocupação de fazê-los cidadãos do Brasil. Todos entendem que o índio é índio; brasileiro é brasileiro"[47]. Tal diretriz estava na origem do Serviço de Proteção ao Índio, criado em 1910 pelo marechal Cândido Mariano da Silva Rondon e mantido em atividade até 1967, quando foi substituído pela Fundação Nacional do Índio (Funai).

Para Roquette-Pinto, identificar na miscigenação o problema já era uma questão de racismo. Se a questão não era biológica, mas social, então cabia aos homens cultos, à "arte política", construir a nação. Com o trabalho que desenvolveu como pesquisador e educador, ele procurou apontar que o atraso brasileiro era fruto de sua desorganização social e cultural, bem como contrapor-se à ideia de que a miscigenação racial seria a causa dos males brasileiros. Entretanto, ao deslocar a dimensão biológica para a cultural, transformando a educação no grande instrumento de renovação social, ele manteve a premissa da necessidade da depuração de raças ou dos grupos sociais que pudessem impedir o país rumo à modernização[48].

Para revitalizar o interior do país, era preciso levar conhecimento pela ciência e pela arte, promover o conhecimento do Brasil entre os brasileiros e promover a integração nacional através da educação. De acordo com Schvarzman, o interesse de Roquette-Pinto era aliar o conhecimento científico à intervenção social de modo a erradicar a miséria, a ignorância e o atraso; a educação era o melhor instrumento de intervenção[49].

---

47 Edgar Roquette-Pinto, *Rondônia*, *op. cit.*, p. 236.

48 João Baptista Cintra Ribas, *op. cit.*

49 Sheila Schvarzman, *Humberto Mauro e as imagens do Brasil*, São Paulo: Unesp, 2004a.

Exemplo de atividade e das instalações do Serviço Nacional de Educação Sanitária (1934-1945). Arquivo Gustavo Capanema, Acervo CPDOC-FGV.

Educar, para ele, era mais do que simplesmente informar. O Brasil precisava ser educado, e não apenas instruído, isto é, para que a sociedade brasileira fosse transformada, era necessária uma educação muito mais ampla, uma orientação social, em vez da simples transmissão de conhecimentos pela instrução escolar. Como seguidor da teoria positivista do francês Auguste Comte, Roquette--Pinto acreditava na educação popular. Comte possuía um projeto nesse sentido cujo objetivo era minimizar os efeitos trazidos pela modernização, como a introdução das máquinas nas rotinas de trabalho. O sociólogo francês lecionou em cursos populares para operários e acreditava que aqueles que possuíam algum tipo de instrução nunca ficavam sem trabalho, pois estavam mais adaptados socialmente[50].

É com esse propósito educacional que Roquette-Pinto se alia, na década de 1930, aos educadores da Escola Nova – vindo a ser, em

---

50 Lelita Oliveira Benoit, *Sociologia Comteana: gênese e devir*, São Paulo: Discurso, 1999.

1932, um dos signatários do manifesto formulado por Fernando de Azevedo – e desenvolve atividades, tais como cursos promovidos no Museu Nacional. O seu principal alvo eram os próprios educadores, que, para ele, também precisavam de uma renovação pedagógica. Assim, seguindo as orientações de Francisco Venâncio Filho[51] (eram amigos e colaboradores), Roquette-Pinto promove cursos com o intuito de educar os professores da rede de ensino – já tendo sido, em 1916, professor de História Natural da Escola Normal do Distrito Federal com o intuito de lecionar aos futuros professores.

Para promover a educação do povo, Roquette-Pinto utilizou os mais diferentes instrumentos que pudessem alcançar todo o território nacional e encurtar as distâncias geográficas; assim, os meios de comunicação foram o seu maior aliado nessa batalha. Em 1923, fundou a Rádio Sociedade do Rio de Janeiro, uma rádio educativa que tinha a finalidade de divulgar a ciência e realizar campanhas nacionais.

Na década de 1930, Roquette-Pinto foi para a Europa, onde estudou, no âmbito da educação, os meios de comunicação de massa que estavam sendo utilizados na Alemanha nacional-socialista e na Itália de Mussolini. Em 1933, quando Anísio Teixeira era secretário da Educação no Rio de Janeiro, Roquette fundou uma rádio-escola que deveria ser mantida pela prefeitura. Em 1936, fundou o Instituto Nacional de Cinema Educativo, para o qual, junto com Humberto Mauro, realizou diversos filmes, escreveu roteiros e narrou textos em *off*.

Ele acreditava, então, que os meios de comunicação serviriam para formar o povo brasileiro, o trabalhador nacional, o homem do campo, enfim, que eles contribuiriam no processo de organização nacional, e "organização nacional, no Brasil, quer dizer, principalmente, educação do povo, nacionalização da economia e

---

51 Francisco Venâncio Filho havia publicado em 1931 o livro *Educar-se para educar*, no qual trata da educação dos educadores.

circulação das ideias e da riqueza"[52]. O cinema educativo poderia ter um papel em todos esses aspectos: de fomento à educação através das imagens projetadas pelo interior do Brasil, de contribuição na nacionalização de setores da indústria, como o cinema, e de promoção da circulação do conhecimento. Esta última seria garantida, segundo ele, não só pelo cinema, mas também pelas publicações, pelas viagens, pelo rádio, que levariam notícias menos exageradas, boas e más, a respeito da sociedade brasileira. Roquette-Pinto era grande entusiasta do rádio e do cinema e das revistas de divulgação científica, como a *Revista Nacional de Educação*, editada entre 1932 e 1934 pelo Museu Nacional, financiada pelo Ministério da Educação e Saúde Pública e dirigida pelo próprio Roquette. Essa revista nasceu vinculada às ações governamentais em prol do cinema educativo, como consequência do Decreto n. 21.240, de abril de 1932, que criava a Taxa Cinematográfica para a Educação Popular. A ser cobrada por metragem dos filmes exibidos, essa taxa tinha o objetivo de financiar a criação e a manutenção de um Instituto Cinematográfico Educativo; antes disso, seria destinada ao Museu Nacional para a organização de uma filmoteca[53] e publicação de uma revista popular de vulgarização de ciências, letras e artes, a ser distribuída em todos os institutos públicos de ensino.

Roquette-Pinto pretendia suprir as carências do ensino oficial pela criação de programas educativos que tivessem a capacidade de irradiar cultura pelo interior do Brasil, daí o seu entusiasmo pelo cinema, por sua capacidade de alcance, e, mais especificamente, pelo cinema educativo, "cuja função principal, a seu ver,

---

52 Edgar Roquette-Pinto, "O cinema e a educação popular no Brasil", *Revista Nacional de Educação*, Rio de Janeiro: 5 fev. 1933b, p. 124.

53 A tese de que o Museu Nacional teria criado uma filmoteca foi questionada posteriormente pelo pesquisador Carlos Roberto de Souza. Segundo ele, não há provas de que tenha existido tal acervo de filmes com finalidades educativas. Ver Carlos Roberto de Souza, *A Cinemateca Brasileira e a preservação do filme no Brasil*, tese (doutorado em Estudo dos Meios e da Produção Mediática) – USP, São Paulo: 2009.

era instruir aqueles que não tiveram educação formal"[54]. Foram muitos os artigos que ele escreveu sobre o tema.

A Escola Nova e a irradiação da cultura

Modernizar, progredir, mudar: essas são ações que encontramos com frequência nos escritos dos escolanovistas. Para Anísio Teixeira, o progresso, entendido como fruto da ciência, das invenções e das máquinas, tomava conta da cidade; a ciência trazia uma nova mentalidade e determinava que, de estáveis, as coisas passassem a ser dinâmicas.

Dentro dessa visão de modernização, os meios de comunicação de massa eram os instrumentos capazes de levar o progresso a todo o território nacional. O cinema, ao corporificar a mobilidade pelas imagens em movimento, possibilitava a construção e reconstrução de novos ideais de cultura e civilização. Como nos diria Monteiro Lobato em carta enviada a Anísio Teixeira em 1932, data de publicação do *Manifesto dos pioneiros da educação nova*, os meios de comunicação eram máquinas multiplicadoras[55].

Lobato menciona algumas das questões que estavam presentes no ideário daqueles que se dedicaram a inventar soluções para os problemas sociais brasileiros e que viram nas máquinas, na ciência, nos meios de comunicação e, sobretudo, na educação as ferramentas necessárias para os fins pretendidos. Ancorados nas teorias de Dewey e de seu discípulo Kilpatrick, pretendiam alastrar a cultura pelo país, formar uma opinião pública independente dos ideais da Igreja e modernizar a sociedade pela educação – uma educação vinda do "alto", fornecida por uma elite esclarecida, que utilizaria o rádio e o cinema para atingir letrados e "iletrados". Pela utilização de recursos cenográficos, narrativos

---

54 Fernão Pessoa Ramos e Luiz Felipe Miranda, *Enciclopédia do cinema brasileiro*, São Paulo: Senac São Paulo, 2000, p. 471.

55 Monteiro Lobato *apud* Cassiano Nunes, *O sonho de Monteiro Lobato*, Brasília: [s.n.], 1979.

e tecnológicos, se chegaria à *"Education-City"* idealizada por Lobato, ou a um *mundo novo*, nas palavras de Venâncio Filho: "as palavras, as frases, a historieta, os objetos, mostrados, combinados, dispostos para uma impregnação na alma de milhares de adultos e crianças que veriam, por todos os recantos do Brasil, passarem e repassarem essas fitas-lições, instrutoras e educadoras de um povo"[56]. A nova educação cairia como "neve", no dizer de Lobato, talvez como numa cena hollywoodiana, nos aproximando da idealizada sociedade norte-americana.

Os meios de comunicação proporcionariam a substituição da escola tradicional, a escola do quadro-negro, por uma mais moderna, com projeções luminosas e radiofônicas. No *Manifesto dos pioneiros da educação nova*, Fernando de Azevedo refere-se aos meios de comunicação da seguinte forma:

> Mas, além de atrair para a obra comum as instituições que são destinadas, no sistema social geral, a fortificar-se mutuamente, a escola deve utilizar, em seu proveito, com a maior amplitude possível, todos os recursos formidáveis, como a imprensa, o disco, o cinema e o rádio, com que a ciência, multiplicando-lhe a eficácia, acudiu à obra de educação e cultura e que assumem, em face das condições geográficas e da extensão territorial do país, uma importância capital[57].

Os meios de comunicação de massa, então, permitiriam o acesso à informação aos iletrados, auxiliando na resolução de problemas nacionais como o analfabetismo; contribuiriam com a escola rural ao levarem imagens às localidades mais distantes do território nacional; disseminariam por todo o país as campanhas higienistas; e promoveriam a comunicação entre as diversas regiões que viviam até então isoladas. Em síntese, os novos meios de comunicação

---

56 Francisco Venâncio Filho, *A educação e seu aparelhamento moderno*, Rio de Janeiro: Editora Nacional, 1941a, p. 54.

57 Fernando de Azevedo, *Manifesto dos pioneiros da educação nova*, São Paulo: Editora Nacional, 1932.

contribuiriam para a formação e educação da população, que, dessa forma, poderia integrar uma nação democrática e moderna.

Segundo Azevedo, nas sociedades modernas, um dos instrumentos de assimilação e de seleção social eram as cidades, que funcionavam como fatores de unificação e focos de progresso[58]. Pela potencialidade que possuíam de circulação de bens e de valores, fundindo as populações que afluíam para elas e que nelas se concentravam, favorecendo as evoluções e, em seguida, espalhando hábitos e concepções citadinas de vida pelo campo e pelos recantos da região vizinha dentro de seu raio de ação e de influência, as cidades representavam um interesse capital para a educação. Os centros urbanos expressavam, portanto, a civilização; e a difusão da cultura desenvolvida neles dependia de um eficiente sistema de comunicação, principalmente do rádio e do cinema.

A importância que Fernando de Azevedo dava ao aprimoramento do sistema educacional, especificamente à irradiação da cultura e à informação propagada pelos meios de comunicação, inseria-se num contexto mais amplo, o da formação política: ele vinculava o desenvolvimento educacional à consolidação de um sistema político democrático no país. Citando Bertrand Russell (1872-1970), colocava o perigo que a existência de massas ignorantes constituía para a sociedade, pois representava a impossibilidade de se formar cidadãos de fato. A educação seria uma das principais atribuições do Estado; a política educacional traçaria, conjuntamente com a política dominante, os objetivos e valores a serem atingidos ou conquistados e, para realizar essa política, era necessário o auxílio da técnica, subordinada aos fins propostos.

Assim, representada pelos meios de comunicação de massa, como o livro, o telégrafo, o cinema e o rádio, a técnica contribuiria para a formação da opinião pública. Citando Gabriel Tarde (1843-1904), Azevedo considerava a sociedade moderna a era do público em detrimento das multidões, sendo que a categoria social

---

58 *Idem, A cultura brasileira, op. cit.*

denominada por ele de público encontrava nas novas tecnologias condições favoráveis para o seu desenvolvimento, tendo em vista que, devido ao crescimento quantitativo dos grupos e à complicação da estrutura social, o contato social não podia mais se dar de forma exclusivamente direta.

Para Azevedo, as novas técnicas, pela difusão de determinadas correntes de opinião e pela produção de reações coletivas baseadas na exaltação e embriaguez das massas, haviam munido os Estados de meios para desenvolver o despotismo, a exemplo do que aconteceu na Alemanha e na União Soviética. No entanto, as mesmas técnicas poderiam ser orientadas para fins educacionais e para direcionar o público à adoção de valores de respeito à liberdade e às diferenças individuais. Nas palavras de Azevedo: "a técnica de ação social e de propaganda é um meio e, como técnica, indiferente aos seus fins, pode servir às democracias como às ditaduras"[59]. Ao contrário do que ocorreu nos países totalitários, onde os meios de comunicação, na forma como eram utilizados, constituíam uma unidade artificial, pois não respaldada por uma opinião pública consciente de seus ideais, em sociedades democráticas o uso dos meios de comunicação de massa contribuiu para a formação de uma unidade nacional consciente, veiculando valores de patriotismo e princípios liberais.

Esses meios tenderiam a aproximar cada vez mais as regiões do país, de diferentes níveis culturais e econômicos, ao propagarem as correntes de influência urbana, ao levarem a arte às suas fontes populares, ao elevarem a um plano mais alto os produtores intelectuais e ao abrirem domínios cada vez mais vastos à exploração dos artistas. Ao analisar o avanço dos sistemas de radiodifusão, por exemplo, Azevedo considera que eles se "põem a serviço da difusão do gosto da música pelo povo e da aproximação do público e do artista"; mas, entre os diversos instrumentos educativos, elege como mais eficaz o cinema, "cujo aparecimento assinala, com o do

---

59 *Ibidem*, p. 333.

rádio e o da televisão, um avanço espantoso nos processos de registro e de transmissão, [...] suscetível de renovar toda uma parte do ensino"[60]. Com relação ao desenvolvimento do cinema no Brasil, cita especificamente como exemplos de filmes de conteúdo nacional aqueles produzidos pela Vera Cruz, tais como *O caiçara, O cangaceiro* e *Sinhá Moça*.

Azevedo achava que não havia entre a massa e as elites brasileiras uma interdependência funcional nem se tinha estabelecido uma rede de transmissão. Sendo assim, era necessário criar vias de acesso para a cultura e a educação da população, para que a sociedade passasse a funcionar harmoniosamente, com cada parte cumprindo o seu papel, tal qual no organismo humano. Muitos autores do período utilizaram imagens da circulação do sangue para se referirem às relações sociais e à integração dos grupos; as ideias de integração e da sociedade como um organismo eram heranças de teorias sociológicas que se desenvolveram ao longo do século XIX, o qual viu nascer noções fundadoras de uma visão de comunicação como fator de integração das sociedades humanas, que possibilitaria a gestão das multidões humanas[61]. Nessa analogia da sociedade como um organismo, cujas partes constitutivas são heterogêneas, mas solidárias, pois se orientam para a conservação do conjunto, a comunicação será vista como um instrumento de ligação entre as várias partes, seja no trabalho coletivo, seja na estruturação dos espaços econômicos, seja na circulação das riquezas e de bens materiais.

No final do século XIX e início do XX, muitas análises da sociedade moderna mencionam os novos meios de comunicação e os tratam como vias de circulação, comparando-os às artérias do organismo humano. Saint-Simon (1760-1825), por exemplo, conforme análise de Armand e Michèle Mattelart, dentro da ideia de sociedade como um sistema orgânico, uma justaposição ou

---

60 *Ibidem*, p. 486.
61 Armand Mattelart e Michèle Mattelart, *História das teorias da comunicação*, São Paulo: Loyola, 1999.

um tecer de redes, concebe um lugar estratégico à administração do sistema de vias de comunicação e ao estabelecimento de um sistema de crédito – tal qual a do sangue em relação ao coração humano, a circulação do dinheiro dá à sociedade uma vida unitária. Outro autor que utilizou a mesma relação é Herbert Spencer (1820-1903), criador da sociologia positivista inglesa, que, em sua fisiologia social, reforça a hipótese de continuidade entre a ordem biológica e a ordem social: "Do homogêneo ao heterogêneo, do simples ao complexo, da concentração à diferenciação, a sociedade industrial encarna a sociedade orgânica"[62]. Nesse sistema total,

> [...] a comunicação é componente básico dos dois "aparelhos orgânicos", o distribuidor e o regulador. À imagem do sistema vascular, o primeiro (estradas, canais e ferrovias) assegura o encaminhamento da substância nutritiva. O segundo assegura o equivalente do sistema nervoso. Torna possível a gestão das relações complexas entre um centro dominante e a periferia. É o papel das informações (imprensa, petições, pesquisas) e do conjunto dos meios e comunicação pelos quais o centro pode "propagar sua influência" (correio, telégrafo, agências noticiosas). Os informes são comparados a descargas nervosas que comunicam um movimento de um habitante de uma cidade ao de outra[63].

Sem os meios de comunicação, as populações rurais tendiam a permanecer isoladas, desagregadas dos grandes centros urbanos; por isso, segundo Fernando de Azevedo, os meios de comunicação constituíam-se como verdadeiro sistema nervoso da sociedade, criando e estimulando o intercâmbio econômico e cultural, civilizando os grupos rurais[64].

Essa perspectiva orgânica da sociedade também estava presente em Roquette-Pinto, para quem, num país como o Brasil, em que os

---

62 *Ibidem*, p. 17.
63 *Ibidem*.
64 Fernando de Azevedo, *A educação e seus problemas*, São Paulo: Melhoramentos, 1958c.

imigrantes não se nacionalizavam, esse sangue novo se convertia em corpo estranho, em embolia que gerava sérias perturbações, e, portanto, era necessário estabelecer o contato entre os brasileiros a fim de tornar possível, pelas trocas entre as regiões, o enriquecimento cultural da nação. Como coloca Schvarzman, "era preciso levar as mensagens que acreditava serem libertadoras a todos os brasileiros, da maneira que fosse: em revistas, pelas ondas do telégrafo, do rádio, pelas imagens do cinema"[65].

Roquette-Pinto pensava de forma massiva a construção nacional e, nesse sentido, preocupava-se em atingir o maior número possível de pessoas com a utilização do rádio e do cinema[66]. Nas colocações de Fernando de Azevedo em *A cultura brasileira*, o autor afirmava a necessidade de se fomentar no Brasil uma produção artística industrial, uma reprodução em grande escala das obras de arte, para que um número maior de pessoas tivesse acesso à cultura e à arte, o que cultivaria o gosto do público e formaria um público de massa[67].

Sendo assim, a defesa do cinema educativo relaciona-se a uma questão mais ampla do que o simples uso desse meio como instrumento pedagógico na sala de aula: como a técnica de comunicação que era, o cinema poderia ser utilizado como um veículo civilizador das massas, como um meio para arquitetar uma unidade nacional, como propagador dos ideais citadinos, como difusor de princípios democráticos e como instrumento político na formação do cidadão e da opinião pública. Essas ideias estão presentes na reflexão de diversos teóricos do período – franceses, ingleses e norte-americanos – que pensaram os usos sociais dos novos meios de comunicação de massa.

Na vertente do pragmatismo de John Dewey, base teórica da Escola Nova, a comunicação é um dos alicerces da vida em sociedade, que, em última análise, existe pela transmissão, pela

---

65 Sheila Schvarzman, *Humberto Mauro e as imagens do Brasil, op. cit.*
66 *Ibidem.*
67 Fernando de Azevedo, *A cultura brasileira, op. cit.*

comunicação. "Há mais do que um nexo verbal entre os termos comum, comunidade, comunicação. Os homens vivem em comunidade em virtude das coisas que têm em comum"[68]. Numa sociedade complexa em que já não há a possibilidade do contato comunitário, os meios de comunicação auxiliam na instituição do diálogo e na efetivação de consensos. Para Dewey, uma "democracia é mais do que uma forma de governo; é, primacialmente, uma forma de vida associada, de experiência conjunta e mutuamente comunicada"[69].

Cinema e educação no âmbito da Escola Nova

Nos escritos publicados entre os anos 1920 e 1930 que versavam sobre o cinema educativo, nota-se a preocupação dos autores em estar atualizados com as tendências internacionais. Eles tinham conhecimento dos filmes que eram produzidos no exterior com finalidade pedagógica, ou dos filmes documentais de uma forma geral; são citados os filmes que faziam parte do acervo do Museu Nacional do Rio de Janeiro, entre os quais a coleção da Pathé-Enseignement, os filmes pertencentes ao Museu Agrícola e Comercial do Distrito Federal, e muitas referências à produção francesa de filmes pedagógicos, como os do Museu Pedagógico de Paris[70]. São ainda elencados os catálogos da Cinemateca Central Agrícola de Paris, do Instituto Luce, na Itália, da Kultur-film, na Alemanha, do Serviço de Ensino da Gaumont, da Eastman Kodak Company, da Eastman Teaching Film, da De Vry School Films, entre outros; assim como títulos de filmes de ensino propriamente que compunham as filmotecas, como *A Terra e o sistema solar*, *Os vulcões*, *A pesca do atum*, *Corrente elétrica*, entre outros. Também são mencionados os filmes, em geral documentários, que eram considerados bons exemplos de filmes educativos ou de qualidade cinematográfica: *White Shadow in the*

---

68 John Dewey, *Democracia e educação*, São Paulo: Editora Nacional, 1979, p. 4.
69 *Ibidem*, p. 93.
70 Francisco Venâncio Filho e Jonathas Serrano, *Cinema e educação*, São Paulo: Melhoramentos, 1930.

South Seas, de Van Dyke, e *Moana*, de Robert Flaherty; *Byrd no Polo Sul*, de Willard Van Der Veer e Joseph Rucker, da Paramount; *Berlim, a symphonia da metrópole*, de Walter Ruttmann; *Napoleão*, de Abel Gance; *Archives de la Planète*, de Albert Kahn; *O encouraçado Potemkin*, de Sergei Eisenstein.

Aqueles educadores tomavam conhecimento do debate internacional também pela leitura de periódicos especializados em cinema e em educação, tais como: *Rivista Internazionale del Cinema Educatore, Revue Cinéopse, Der Bildwart, The Educational Screen, Magazine Scientifique Illustré de L'instituteur*. Ademais, fizeram diversas visitas aos países europeus e aos Estados Unidos, como a viagem de Edgar Roquette-Pinto, que deu origem a um extenso relatório sobre a situação do cinema educativo na Europa, e a de Lourenço Filho, que percorreu várias escolas norte-americanas a fim de conhecer o sistema de ensino nos Estados Unidos. No arquivo Gustavo Capanema, nos documentos referentes ao Ince, há uma anotação a respeito da bibliografia de educação norte-americana organizada pelo professor Lourenço Filho, especificamente sobre cinema educativo, que demonstra o seu interesse pelo tema.

Entre os nomes de educadores ou cineastas internacionais citados no âmbito da produção de filmes pedagógicos, ou que escreviam sobre o tema, encontramos: Jean Benoit-Lévy (1888-1959), que exerceu diversas atividades vinculadas ao uso do cinema no ensino e em especial do cinema documentário; Jean Painlevé (1902-1989), fundador na França do Instituto de Cinematografia Científica; Jean Maré (1913-1998), fundador da liga de ensino na França; G.-M. Coissac (1868-1946), fundador da revista *Cinéopse*, publicação bastante citada pelos brasileiros quando se referiam ao cinema educativo que estava sendo feito internacionalmente; e Thomas E. Finegan (1866-1932), presidente da Eastman Teaching Films entre os anos 1920 e 1930.

Em consonância com todas essas referências cinematográficas e bibliográficas, os educadores da Escola Nova concebiam o cinema sobretudo como uma técnica, como o ápice de uma sucessão de inventos de aparelhos de reprodução da imagem, que se inicia, segundo Venâncio Filho, com a invenção da primeira lanterna mágica (século XVII), passa pelos aparelhos de Étienne-Jules Marey (1882), pelo cinetógrafo de Thomas Edison (1891), pelo biógrafo e pelo bioscópio de L. Gaumont (1894), até alcançar a etapa mais importante para os educadores, com os irmãos Lumière (1895).

Baseados numa historiografia de origem francesa[71], eles descrevem as experiências que foram sendo realizadas pelo mundo com o uso da cinematografia em cirurgias, laboratórios científicos, universidades e escolas. A ênfase da história do uso do cinema na educação recai sobre a evolução da técnica, e por isso são ressaltados os inventos na área de reprodução da imagem, os quais aperfeiçoaram os modos de capturar a natureza e a sociedade.

Aspecto de um equipamento cinematográfico do Ince (1936-1945). Arquivo Gustavo Capanema, Acervo CPDOC-FGV.

Essa concepção da evolução técnica estava presente, por exemplo, na Exposição de Aparelhos de Cinematografia de 1927, no

---

71 Entre os autores e as obras citadas, estão: Ernest Coustet, *Le Cinema*, Paris: Librairie Hachette, [s.d.]; G.-M. Coissac, *Histoire du cinématographe de ses origines jusqu'à nos jours*, Paris: Editions Cinéopse, 1925; Léon Moussinac, *Panoramique du cinéma*, Paris: Au Sans Pareil, 1929; Eugène Reboul, *Le Cinéma scolaire et educateur*, Paris: Les Presses Universitaires de France, 1926.

Rio de Janeiro, organizada pela subdiretoria técnica de Instrução Pública e Educativa. Conforme explicação dos professores Venâncio Filho e Jonathas Serrano, o planejamento da exposição começou pelo próprio local, e uma escola do Distrito Federal foi selecionada a fim de se criar nela um ambiente cinematográfico que sugerisse a sensação de ser o cinematógrafo realmente educativo. A exposição contou com a demonstração prática dos melhores modelos de projeção fixa e animada; e a própria disposição das salas da exposição já nos mostra uma concepção fundada no desenvolvimento técnico:

> A Exposição ocupou várias salas. Para evitar monotonia e tornar crescente o interesse dos visitantes, começava-se com a demonstração prática dos melhores modelos de aparelhos de projeção fixa (episcópios e ediascópios); passava-se depois à sala de projeção animada em medida reduzida (Pathé-baby) e só finalmente na última sala é que estavam os diferentes aparelhos de medida universal, das melhores marcas atualmente conhecidas[72].

A Exposição de Cinematografia Educativa foi o marco inicial do cinema educativo no Brasil, pois conseguiu mostrar aos professores a técnica cinematográfica pela demonstração do funcionamento dos aparelhos e garantir a identificação do valor pedagógico do cinema. Os professores saíram entusiasmados da exposição por terem tomado conhecimento da existência de tantos aparelhos de reprodução da imagem e ficaram satisfeitos com as informações que obtiveram por meio de catálogos distribuídos, propagandas, referências bibliográficas a respeito dos livros sobre cinema e palestras que versavam sobre cinema e educação, "todas acompanhadas de projeções"[73].

---

72 Francisco Venâncio Filho e Jonathas Serrano, *Cinema e educação*, São Paulo: Melhoramentos, 1930, p. 35.

73 *Ibidem.*

Entre os anos de 1920 e 1930, os escritos sobre cinema, seguindo a lógica de todo equipamento técnico, ou de toda máquina, eram normalmente acompanhados de uma explicação acerca de seu funcionamento e das partes que o compunham. Grande parte dos textos do período sobre a utilização do cinema na educação inicia-se com uma introdução a respeito da técnica cinematográfica e do funcionamento dos vários projetores, com demonstrações detalhadas de seus mecanismos.

Sendo o cinema uma técnica, e o cinema educativo uma especialidade, a cinematografia só poderia ser realizada por profissionais especializados, e não por amadores. Havia a necessidade de se criar um órgão técnico que cuidasse dessa cinematografia[74]. Os documentários sob encomenda, chamados de "cavação", eram alvos da crítica cinematográfica do período justamente por serem realizados por "falsos" profissionais. Já os filmes pedagógicos só alcançariam êxito se fossem realizados com qualidade artística e, sobretudo, com exímia técnica cinematográfica; como diria Canuto Mendes de Almeida, em entrevista à revista *Cinearte* em 30 de dezembro de 1930:

> Entendo que o cinema só tem força psicológica sobre os espectadores quando é bom e bem-feito [...]. Assim num trabalho educativo que pudesse ter real utilidade prática para os nossos homens de boa vontade, necessário se tornava escrever e ensinar muita coisa sobre técnica material e intelectual dos filmes[75].

Ele e os demais autores em questão consideravam que, para ter qualidade cinematográfica e assim alcançar os objetivos propostos, os filmes precisavam ser realizados em associação entre educadores e cineastas. Como afirma o próprio Canuto, as fitas

---

74 Joaquim Canuto Mendes de Almeida, *Cinema contra cinema: bases gerais para um esboço de organização do cinema educativo no Brasil*, São Paulo: Companhia Editora Nacional, 1931a.

75 *Cinearte*, Rio de Janeiro: 30 dez. 1930.

educativas precisariam ser tão expressivas e interessantes quanto os filmes com objetivos comerciais, precisariam seguir as mesmas regras cinematográficas, daí a necessidade de que houvesse um órgão técnico de produção cinematográfica vinculado aos órgãos de educação[76]. Por isso sua insistência no apoio oficial ao cinema e na criação das condições necessárias para se produzir filmes educativos nacionais de qualidade, o que se concretizou com a criação do Ince, em 1937, que proporcionou exatamente essa atuação conjunta entre educadores e cineastas.

Francisco Venâncio Filho, em *A educação e seu aparelhamento moderno*, reivindica igualmente a aliança entre educadores e cineastas e a melhoria da qualidade de produção dos filmes; segundo ele, para se realizar bem os filmes educativos, era preciso ter um senso exato do que é o cinema, o que tornava imprescindível a colaboração dos cineastas. Mais ainda, era necessário que o filme educativo fosse o resultado da colaboração íntima, harmônica, de três segmentos: "o cineasta, isto é, o que sabe a arte do cinema, o educador, isto é, o que conhece os preceitos da psicologia da criança, e o especialista que sabe o que importa ensinar ou destacar"[77].

Para os educadores aqui elencados, tal aliança produziria "bons" filmes, e estes resultariam na formação do "bom" público de cinema. O cinema educativo, portanto, serviria para formar o gosto do público em relação ao cinema, dessa forma contribuindo, num processo em cadeia, na melhoria do próprio cinema nacional. Consequentemente, com um espectador mais exigente, a produção nacional se veria obrigada a realizar filmes de melhor qualidade; nas palavras de Venâncio Filho, a educação iria melhorando o gosto e a produção, porque há uma inflexível interdependência

---

76 Joaquim Canuto Mendes de Almeida, *Cinema contra cinema: bases gerais para um esboço de organização do cinema educativo no Brasil, op. cit.*

77 Francisco Venâncio Filho, *A educação e seu aparelhamento moderno*, Rio de Janeiro: Editora Nacional, 1941a, p. 59.

entre o cinema e a educação[78]. Canuto Mendes reafirma: "era necessário primeiro educar o próprio cinema para que o mesmo pudesse, então, educar"[79]. Ou, ainda, como diria Lourenço Filho no prefácio de livro de Canuto Mendes, o cinema escolar contrabalançaria os maus efeitos do cinema comum, "dando às crianças a distração que, sem ele, procurariam noutra parte, já indiretamente, cooperando para criar uma opinião pública esclarecida a respeito do importante assunto"[80].

Por um lado, a utilização do cinema seria auxiliar para gerar esclarecimento e uma opinião pública em torno das questões sociais e políticas e, por outro, contribuiria para formar uma opinião pública sobre o próprio cinema. Afinal, tínhamos uma população ainda pouco familiarizada com os novos divertimentos populares e, por isso, submissa ao que quer que lhe fosse apresentado; o mercado cinematográfico, preocupado exclusivamente com o lucro fácil, não poderia fornecer um cinema que cultivasse as jovens mentalidades. Assim, no projeto pedagógico abrangente proposto pelos educadores da Escola Nova, em que a educação extrapolaria os limites da escola, o cinema educativo, com a sua dupla função, era parte fundamental:

> O século, nós o vemos, é do cinema. O educador não pode desprezá-lo: deve introduzi-lo na escola, modificando processo e métodos de educação; e deve introduzir a educação no cinema, para orientá-lo e desviá-lo dos desacertados atalhos a que o levam os interesses mercantis do capitalismo mundial[81].

---

78 *Ibidem*, p. 43.

79 Joaquim Canuto Mendes de Almeida *apud* Maria Eneida Fachini Saliba, *Cinema contra cinema: uma paixão de juventude de Canuto Mendes (1922-1931), op. cit.*, 2001, p. 115.

80 Joaquim Canuto Mendes de Almeida, *Cinema contra cinema: bases gerais para um esboço de organização do cinema educativo no Brasil, op. cit.*, p. 9.

81 *Ibidem*, p. 144.

Seguindo a análise de Souza, observamos que a solução para submeter a produção dos filmes nacionais aos padrões esperados, com valores morais e educativos, foi substituir o veto dos filmes via censura por uma educação pela imagem[82]. Todos esses educadores colocam-se na posição de especialistas que deveriam educar a população brasileira de forma integral, inclusive possibilitando uma educação estética que moldasse o gosto artístico. A estética seria mais um dos dispositivos educativos utilizados com o fim de criar uma nova sociedade.

Segundo Venâncio Filho e Jonathas Serrano, o cinema teria quatro fases, que poderiam coexistir em alguns momentos: 1) a fase científica, que correspondeu ao período dos experimentos e invenções da cinematografia; 2) a fase industrial de fabricação de filmes e aparelhos cinematográficos; 3) a fase artística, "o cinema com sua autonomia estética, exigindo enorme esforço para a realização do belo. Cenários, truques, ritmo, ângulos de câmera – toda uma arte nova e difícil, reclama inspiração original, sem duplicata com outras artes"; e, por fim, 4) a fase comercial, relacionada à edição, distribuição, venda e locação dos filmes[83]. Esta última diz respeito também às salas de projeção, que, segundo os autores em questão, devem ser "higiênicas" e "amplas".

Para Fernando de Azevedo, caberia à arte trazer a inspiração que falta à ciência, pois esta não é suficiente para dar ao espírito tudo aquilo que ele precisa, assim como a verdade histórica não dá total satisfação ao povo: o povo necessita da arte popular que fabrica personagens e heróis, que se constituem como arquétipos da realidade[84]. Para aproveitar as artes na sua função social e educativa, era preciso começar pelo cinema, pelo rádio, pelas artes populares, que seriam as mais próximas das crianças e ao alcance

---

82 José Inácio de Melo Souza, *O Estado contra os meios de comunicação (1889-1945)*, São Paulo: Annablume; Fapesp, 2003.

83 Francisco Venâncio Filho e Jonathas Serrano, *Cinema e educação*, op. cit., p. 88.

84 Fernando de Azevedo, *Sociologia educacional: introdução ao estudo dos fenômenos educacionais e de suas relações com outros fenômenos sociais*, op. cit.

de sua mentalidade; sendo as artes populares mais próximas do coração, sendo mais do instinto do que da reflexão, elas se constituíam como um instrumento educativo acessível a todos, e não como um privilégio de iniciados. Como arte popular, o cinema seria o instrumento mais eficaz para atingir as plateias, para proporcionar um sentimento de brasilidade; ele atinge as "crianças naturalmente pelo simples motivo: a criança gosta de cinema. É ele que está lhes ensinando o bem e o mal, o belo e o feio"[85]. O cinema como veículo de formação social, "civilizatório", foi pensado como o cinema na educação das crianças, isto é, voltado a uma população ainda "instintiva", "infantilizada", distante dos dispositivos de reflexão intelectual, de modo que ele agisse quase que "naturalmente" sobre as mentalidades.

Venâncio Filho considerava o cinema "a grande arte do nosso tempo, complexa, vibrante, instável, ora sugerindo, ora esquematizando, ora reproduzindo em imagens visuais, em ritmo sutil, toda a vida turbilhonar de hoje"[86]; para Sevcenko, esta aceleração, em consonância com a tecnologia e a ampliação do papel da visão, vai causar mudanças profundas na sensibilidade e na percepção das populações metropolitanas[87]. O cinema era a própria expressão do movimento, a glorificação do ideal de velocidade que estava presente ao lado da celebração da ciência e das máquinas de uma forma geral.

Podemos associar ainda à questão do movimento as teorias centrais da obra de John Dewey, referência maior dos educadores da Escola Nova. A tese central de Dewey era a noção de mundo em movimento e transformação constante; o conceito deweyano de democracia implicava reconstrução permanente da sociedade. Para Anísio Teixeira, a escola jamais iria se tornar uma agência de

---

85 Roberto Assumpção de Araújo, *O cinema sonoro e a educação*, São Paulo: São Paulo Editora, 1939, p. 31.
86 Francisco Venâncio Filho, *A educação e seu aparelhamento moderno, op. cit.*, p. 41.
87 Nicolau Sevcenko, *História da vida privada no Brasil. República: da Belle Époque à era do rádio*, v. 3, São Paulo: Companhia das Letras, 1998.

conhecimentos fixos e herdados das experiências anteriores, mas seria, sim, um instrumento de permanente inquérito e reconstrução social, uma vez que as transformações econômicas e industriais do mundo e as conquistas científicas conduzem obrigatoriamente à incessante revisão da ordem social.

Para tal sociedade regida pela técnica, o cinema, pelos ritmos da produção e pela eficiência, era aquela capaz de educar a sociedade dentro dos novos valores. Dessa forma, o filme educativo, ou o filme documental com fins educativos, era concebido e nomeado como o "bom cinema", o "cinema útil". Exemplos desse gênero produzidos na época são os documentários *Vida de Pasteur* e *Vida de Zola*, que, segundo Roberto Assumpção de Araújo, são filmes de educação extraescolar e admiráveis obras de arte; em oposição a esses, Araújo nomeia como o "mau cinema", ou o "cinema banditismo", ou ainda os "filmes-sensação", as obras de enredo da época, referindo-se aos filmes de aventuras do cinema norte-americano. Como o texto em que ele escreve isso é de 1939, já menciona o Ince como o órgão habilitado a fornecer filmes, e também alguns títulos organizados por professores: *Vida de Oswaldo Cruz*, organizado pelo professor Venâncio Filho; *Julio Verne*, pelo professor Jonathas Serrano; e *Músicos brasileiros*, pelo professor J. Octaviano[88].

A relação entre o cinema educativo e o cinema mercantil, como era chamado o cinema popular, se constituía de oposições e aproximações. Combatia-se o "mau cinema", associado ao cinema mercantil, pelas temáticas abordadas, que poderiam ser impróprias em termos morais; pela exibição constante dos hábitos norte-americanos, que influenciavam o comportamento dos brasileiros; ou por sua banalidade e ausência de contribuição na educação de fato da população. Lourenço Filho, em artigo publicado em 1928 na revista *Educação* sobre a moral dos espetáculos públicos, relata o resultado de um inquérito que realizara em 1921 com alunos da Escola Normal da Capital e da Escola Normal de Piracicaba;

---

88 Roberto Assumpção de Araújo, *O cinema sonoro e a educação, op. cit.*, p. 13.

segundo ele, "são impressionantes os resultados de perturbação sentimental a que estão sujeitas as crianças assíduas frequentadoras de cinema"[89].

Por outro lado, reconhecia-se o grande poder do cinema diante do público – como afirmou Venâncio Filho, "o cinema educa, sempre. Educa o grande público, a toda hora no mundo inteiro"[90] – ao mesmo tempo que se afirmava que "o romance policial, as séries absurdas e rocambolescas, as proezas inverossímeis atrairão sempre o grande público, até nos centros cultos, deseducando-o"[91].

Em alguns momentos, a oposição entre cinema educativo e cinema de espetáculo se invertia. Humberto Mauro e Roquette-Pinto, por exemplo, chegaram a afirmar que o cinema de espetáculo poderia ser bem mais atraente do ponto de vista educativo. Segundo eles, as plateias brasileiras seriam educadas pelo sentimento, ao contrário do que ocorria no caso dos "filmes instrutivos", voltados unicamente para a inteligência[92]. Fernando de Azevedo via no cinema norte-americano "um alargamento de horizonte mental, acima de classes e de fronteiras, uma vez que se vem operando pelo cinema em que o filme americano tem um lugar preponderante", de modo que o cinema estava contribuindo para modificar os costumes nacionais e promover um processo de assimilação cultural[93]. Canuto Mendes, por sua vez, rejeitava os padrões norte-americanos que podiam ser observados nos filmes de "comércio" de Hollywood, que transmitiam à sociedade brasileira suas danças, suas modalidades de crimes, seus padrões de namoro etc.

Todas essas declarações trazem ao debate questões que então

---

89 Manuel Bergström Lourenço Filho, "A moral no teatro, principalmente no cinematógrafo", *Educação*, Rio de Janeiro: mar. 1928, v. 2, p. 230-234.

90 Francisco Venâncio Filho, *A educação e seu aparelhamento moderno, op. cit.*, p. 59.

91 Francisco Venâncio Filho e Jonathas Serrano, "O cinema educativo", *Escola Nova*, São Paulo: jul. 1931, v. III, n. 3, p. 179.

92 Edgar Roquette-Pinto *apud* Cláudio Aguiar Almeida, *O cinema como "agitador de almas"*: Argila, *uma cena do Estado Novo*, São Paulo: Annablume; Fapesp, 1999a, p. 170.

93 Fernando de Azevedo, *A cultura brasileira, op. cit.*, p. 701.

estavam sendo colocadas a respeito do cinema de uma forma geral, e não apenas com relação aos filmes educativos. Cinema nacional, cinema norte-americano, filmes de enredo ou documentários eram temas que circulavam também nos jornais da imprensa diária e nas revistas especializadas de cinema, ou seja, não se tratava de assuntos específicos e restritos aos educadores.

Nas publicações aqui analisadas, muitos dos autores defendem o filme brasileiro e o filme documental, desde que fosse o "bom" filme documental, sem contaminações. O filme educativo, tal como foi formulado, deveria estar livre da mera propaganda oficial, e por isso, na década de 1930, houve toda uma disputa para que sua produção ficasse sob a responsabilidade do Ministério da Educação, e não do Ministério da Justiça, como foi o caso da produção cinematográfica realizada pelo Departamento de Imprensa e Propaganda. Caberia à elite educar o público, produzir o "bom" cinema nacional e documental e proteger os veículos de comunicação de possíveis intromissões alheias ao projeto educacional por ela idealizado. "Urge produzir, propagar, amparar por todas as formas o filme capaz de distrair sem causar danos morais, o filme de emoção sadia, não piegas, sem ridiculez, mas humano patriótico, superiormente social"[94].

Foi na defesa do filme brasileiro, na criação de um cinema nacional e na proposta de educação do cinema que se deu a aliança entre um projeto de construção nacional pela educação e o do cinema nacional engajado na luta pela consolidação de uma indústria cinematográfica no país. O apoio oficial era imprescindível para a implantação dessa indústria, e a educação foi uma chave importante na tentativa de conquistar a proteção do Estado na produção de filmes. Importava ainda "educar o cinema", a fim de padronizar a produção cinematográfica nacional e domesticá-la dentro de um modelo que se considerava o verdadeiro cinema, no caso, o de Hollywood.

---

94 Francisco Venâncio Filho e Jonathas Serrano, "O cinema educativo", *op. cit.*, p. 184.

A intervenção do Estado era considerada fundamental para o aparelhamento industrial, técnico e artístico de países como o Brasil, que não possuíam capital para investir nas produções cinematográficas, mas nada se conseguiria fazer se não houvesse uma disciplina da produção nacional, que seria obtida pelo domínio da técnica e do controle das imagens capturadas e exibidas. Nos anos 1930, o Estado apareceu como fomentador do cinema documentário com fins educativos ou propagandísticos em várias partes do mundo: realismo-socialismo na União Soviética; nacional-socialismo na Alemanha; John Grierson na Inglaterra; e Pare Lorentz nos Estados Unidos, com o *New Deal* de Roosevelt. Vê-se que ideologias conservadoras e progressistas defenderam e incorporaram o uso desse recurso na educação das massas.

No Brasil, as primeiras formulações a respeito do cinema educativo também estiveram a serviço de ideais conflitantes; encontramos a presença de um ideário tanto próximo das concepções norte-americanas – de formação da opinião pública para o exercício da cidadania – como também de formulações mais identificadas com as posições totalitárias vistas na Itália e na Alemanha.

O cinema documentário e os educadores da Escola Nova

Entre 1908 e 1931, um grande empreendimento fotográfico e cinematográfico, com o título de Les Archives de la Planète, foi realizado na França; tratava-se de uma coleção visual de diversos aspectos da atividade humana espalhados pelo globo terrestre e de um registro de comportamentos sociais que estavam em vias de desaparecimento por causa do advento da modernidade. A iniciativa foi de um milionário banqueiro, Albert Kahn (1860-1940), que havia conquistado a sua fortuna com minas de diamante na África do Sul. Kahn pretendia empreender um sistemático registro cinematográfico do mundo e disponibilizá-lo a especialistas e políticos[95]. O Les Archives de la Planète teve a direção científica de Jean Brunhes (1869-1930), um geógrafo especialista na interação entre os homens no espaço geográfico e que tivera uma experiência anterior como fotógrafo e viajante na confecção de um inventário visual do globo terrestre chamado *Atlas photographique des formes du relief terrestre*; Brunhes era também amigo de Léon Gaumont (1864-1946), grande industrial do cinema francês, que supriu o Les Archives de la Planète com os equipamentos necessários para o empreendimento.

Durante anos, Kahn empregou *cameramen* e fotógrafos que, seguindo a trilha dos primeiros caçadores de imagens, percorreram 48 países para retratar os mais diversos temas, desde cerimônias públicas até cenas cotidianas de anônimos. Segundo Amad[96], Les Archives de la Planète operou dentro da tradição das missões de aventuras de geógrafos que tinham como objetivo mapear e registrar o mundo, com a crença na objetividade, na observação e no registro do fato. A perspectiva de Kahn era a convicção positivista no poder da ciência e na força transformadora da verdade, registrada e dirigida por uma elite.

As imagens que compõem Les Archives de la Planète são constituídas de uma rede de perspectivas utilitárias, no âmbito da pedagogia, da publicidade, da botânica, do documentário; os arquivos faziam parte de um ideal de celebração da cooperação internacional a fim de estabelecer a paz entre os povos. Esses documentos visuais observam o mundo sem apresentar um lugar, um evento ou um processo, mas o próprio ato de observar, estruturado de acordo com uma lógica visual de descrever vistas[97].

Venâncio Filho e Jonathas Serrano elegem essa produção de Albert Kahn como um dos modelos a serem seguidos pelo cinema

---

95 José da Silva Ribeiro, "Antropologia visual, práticas antigas e novas perspectivas de investigação", *Revista de Antropologia*, São Paulo: jul.-dez. 2005, v. 48, n. 2.

96 Paula Amad, "Cinema's 'Santuary': From Pre-Documentary Film in Albert Kahn's Archives de la Planète (1908-1931)", *Film History*, Teaneck: 2001, v. 13.

97 *Ibidem.*

educativo: "é onde já se poderia reunir larga porção de filmes, colecionando imagens dos mais remotos cantos da Terra"[98]. Uma tal coleção poderia ser iniciada com os filmes documentários já existentes que retratavam de alguma forma os diversos aspectos da geografia e da cultura dos povos espalhados pelo globo terrestre, como *White Shadow in the South Seas*, de Van Dyke, *Moana* e *Nanouk*, de Robert Flaherty; *A viagem de Charcot na expedição Nobile*; *Byrd no Polo Sul*, de Willard Van Der Veer e Joseph Rucker; e *Berlim, a symphonia da metrópole*, de Ruttmann, em que "o notável cineasta alemão, sem legenda alguma, dá uma visão rítmica integral da vida da grande cidade"[99]. Venâncio Filho e Serrano sugerem ao Instituto Internacional de Cinematographia Educativa realizar, com a colaboração de educadores e cineastas, um filme "decomposto em partes curtas e ligadas, onde se contivesse tudo que fosse típico de cada país"[100].

Nessas observações, o cinema documentário se caracteriza como uma coleção de vistas; nas palavras de Venâncio Filho, o cinema na educação e, principalmente, no ensino de geografia seria como "viagens fixadas na tela" e traria a presença da natureza à sala de aula, assim como as variações do tempo, a produção econômica e a população[101].

Da mesma forma que poderia aproximar determinadas imagens, o cinema teria a capacidade de nos levar por longas distâncias; viagens pelo mundo seriam possíveis através das telas cinematográficas. Conforme a afirmação de Lourenço Filho, "o cinema nos transporta às mais longínquas distâncias, e nos dá a conhecer homens, costumes, habitações, processos de trabalho, flora e fauna de todas as regiões do globo"[102]. Como parte de um

---

98 Francisco Venâncio Filho e Jonathas Serrano, "O cinema educativo", *op. cit.*, p. 70.
99 *Ibidem*, p. 70.
100 *Ibidem*, p. 71.
101 Francisco Venâncio Filho, *A educação e seu aparelhamento moderno*, *op. cit.*, p. 52.
102 Manuel Bergström Lourenço Filho, "O cinema na escola", *Escola Nova*, São Paulo: 1931, v. 3, n. 3, p. 141.

projeto maior de modernização da sociedade brasileira pela ciência e educação, o cinema documentário poderia resgatar aqueles que estavam excluídos do saber oficial, e por isso o filme educativo deveria ser acessível à compreensão dos espectadores, de modo a abranger todo o tipo de público.

A técnica cinematográfica, com seus truques, seus *close-ups*, suas alterações de velocidade da câmera, contribuiria para uma visualização do país, de cada detalhe que o compunha, e para uma eficiente comunicação entre as partes, possibilitando a revelação de um Brasil por aproximações e distanciamentos. Como afirma Niney, o cinema era, no início do século XX, um novo meio de transporte: o cinema documentário, especificamente, podia transportar o espectador pelas cidades desconhecidas, pelos campos e pelas ruas, pelo espaço e pelo tempo, aproximando-o das diferentes culturas do mundo, ou, ao enfocar em primeiro plano o exótico, distanciá-lo delas[103].

Na concepção do cinema educativo no Brasil, os documentários poderiam transportar a população, principalmente aquela que vivia isolada no interior, no sertão, para os mais diferentes cantos da Terra; e, também, mostrar para a capital o desconhecido sertão, que tanto fascinava os moradores das grandes cidades. As fitas documentais poderiam, ainda, cumprir a função que os livros não alcançavam de forma integral: "descobrir o Brasil aos brasileiros"; graças à capacidade da imagem cinematográfica de mostrar cenas distantes, elas cumpririam quase que a missão "etnográfica" de descrever e revelar a geografia, a cultura e os povos das diferentes regiões do país.

François Niney diz que as primeiras experiências com o cinema proporcionaram ao homem a realização de seu mais antigo sonho, ou seja, simular a vida, e, citando Panofsky, que, para as ciências de observação descritivas, a imagem não é tanto a ilustração de uma

---

103 François Niney, *L'Épreuve du réel à l'écran: essai sur le principe de réalité documentaire*, Bruxelas: De Boeck & Lacier, 2004.

exposição quanto a própria exposição; no entanto, Niney observa que em ciência as imagens por si só são insuficientes, sendo necessária, para comparações e conceituações, a introdução de legendas[104]. Nos filmes produzidos pelo Ince, por exemplo, as legendas que acompanhavam as imagens eram feitas por Roquette-Pinto com a narração em voz *off*.

A visão de fita documental era permeada por um cientificismo advindo de várias vertentes em voga no período: positivismo, pragmatismo e o próprio cinema científico e etnográfico, como o que havia sido realizado pela expedição Rondon. Os educadores faziam referências a esse tipo de cinema que, segundo eles, exemplificavam como poderia ser o filme educativo ou os benefícios do cinema para o conhecimento científico e a vulgarização deste, como as experiências de utilização do cinema na medicina e nas ciências naturais, em filmes de circulação do sangue, de batimentos do coração, de cirurgias. São frequentes nos textos dos educadores as referências ao cirurgião francês Eugène-Louis Doyen (1859-1916),

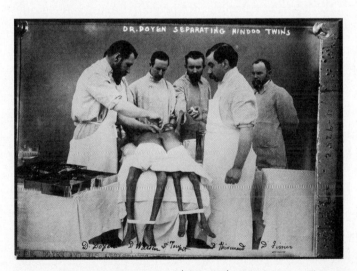

Cena de um filme do dr. Eugène-Louis Doyen (1859-1916), médico francês que filmava suas cirurgias enquanto operava. Na imagem, ele separa os gêmeos siameses Radica e Doodica. *Dr. Doyen separating Hindoo twins*, 1902. Negativo de vidro, 12,5 × 17,5 cm. Coleção George Grantham Bain, Acervo Library of Congress.

---

104 *Ibidem.*

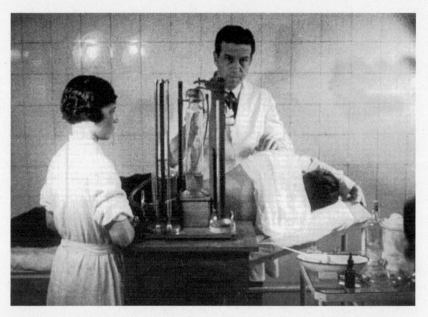

Fragmento de imagem produzida pelo Ince entre 1936 e 1945 no contexto do combate à lepra no Brasil. Arquivo Gustavo Capanema, Acervo CPDOC-FGV.

que, no final do século XIX, em Paris, começou a fotografar as experiências em seu laboratório de bacteriologia; essas fotografias, realizadas com o auxílio de um fotógrafo, F. Rothier, formaram uma coleção considerável de imagens, apresentada na Exposição Internacional de Paris, em 1890. A partir de 1896, Doyen iniciou uma série de registros cinematográficos – agora com o fotógrafo Clément Maurice – de suas experiências e cirurgias. Criou um método de ensino de cirurgia pelo cinematógrafo, que foi apresentado em vários países a partir de 1902; durante sua carreira, ainda criou diversas outras técnicas, algumas das quais diretamente ligadas à fotografia e à cinematografia. Nos anos 1920, seus filmes compunham o catálogo da Gaumont.

Como afirma Vieira, há uma confluência entre a origem da cultura visual médica e o cinema: "Se 1895 era um marco 'oficial' do nascimento do cinema para os historiadores do próprio cinema, para os da medicina e de suas técnicas de visualização, a data também comemorava a descoberta dos raios X"[105]. As primeiras décadas do século XX assistiram à utilização do cinema em diversas especialidades médicas, o que incentivou o estudo das técnicas de visualização a serem aplicadas em terapias e em campanhas educativas.

Entretanto, ao passo que muitos médicos se encantaram com as possibilidades de uso do cinema para o ensino da medicina ou para o aperfeiçoamento das técnicas de visualização do corpo humano, outros consideraram o cinema prejudicial à saúde pública; as questões da "insalubridade" das salas de projeção, com a concentração de pessoas num local fechado que facilitava a disseminação de doenças, ou da proximidade entre homens e mulheres aparecem constantemente na imprensa do período na forma de alerta à população que frequentava os cinemas.

Apesar de os educadores estarem atentos às questões de moralização das salas de cinema, em seus textos a ênfase recai mesmo sobre os aspectos positivos de utilização da cinematografia. Eles se revelam maravilhados com as possibilidades que a nova técnica oferecia em termos de investigação científica; a microcinematografia, por exemplo, ou seja, a visualização de detalhes, permitiria transpor o laboratório para as telas, sendo que a câmera estaria no lugar do microscópio, e os alunos, com a ajuda das imagens, teriam a experiência da pesquisa científica. Ou, então, por meio do movimento de aproximações, o cinema poderia apresentar a vida cotidiana das cidades e da natureza, como faziam os filmes denominados de estudos da natureza, que eram realizados nos Estados Unidos, a exemplo de *História de uma gota d'água*, que, aliando ciência e beleza, apresentam de forma viva ensinamentos ao "mesmo tempo em que [mostram] o valor do trabalho e da solidariedade, que só associados são fecundos e criadores"[106].

---

105 João Luiz Vieira, "Anatomias do visível: cinema, corpo e a máquina de ficção científica", em: Adauto Novaes, *O homem-máquina: a ciência manipula o corpo*, São Paulo: Companhia das Letras, 2003, p. 317.

106 Francisco Venâncio Filho e Jonathas Serrano, "O cinema educativo", *op. cit.*, p. 72.

Em sua tese intitulada *O cinema sonoro e a educação*, Roberto Assumpção de Araújo, ao discorrer sobre a técnica cinematográfica, afirma que tanto a câmara lenta como as câmaras velozes são "armas de investigação científica" e cita Jean Painlevé, para quem o cinema agiria como "microscópio do tempo e telescópio do espaço"[107].

O cinema científico de Jean Painlevé é uma importante referência entre os educadores que formularam o cinema educativo no Brasil. Painlevé, em 1930, criou na França o Institut de Cinématographie Scientifique, onde construiu diversos aparelhos especializados na apreensão das "vistas" científicas. Segundo ele, o filme de pesquisa científica cobriria um domínio variado: o ponto de vista acelerado poderia servir para a indústria, para a balística, para os fenômenos elétricos, para a química e a física e os movimentos rápidos da biologia; o ponto de vista lento se dirigia a todos os movimentos de evolução lenta na física, na química e na biologia. O ritmo muda sem interferir no curso dos fenômenos, garantindo-se a objetividade da observação[108].

Jean Painlevé tornou-se um nome importante também para o Instituto Nacional de Cinema Educativo, já que este atuava na área do cinema científico realizando gratuitamente filmagens de experiências científicas, bastando que os cientistas fizessem a solicitação para os técnicos do instituto. Esse tipo de atividade era considerada por Humberto Mauro de fundamental importância, como podemos observar no seguinte comentário do cineasta na sessão "Figuras e gestos" da revista *A Cena Muda*:

> Qualquer cientista pesquisador que merece fé, idôneo, pode documentar os seus trabalhos pelo cinema gratuitamente, sejam eles os mais complicados. E, olhem lá, que o Ince tem realizado, neste campo, trabalhos notáveis e difíceis na sua confecção.

---

107 Roberto Assumpção de Araújo, *O cinema sonoro e a educação*, *op. cit.*, p. 23.

108 J. Painlevé, "Le film scientifique", em: C. Ford *et al.*, *Le livre d'or du cinéma français*, Paris: Agence d'Information Cinégraphique, 1946, p. 169-171.

Quer dizer que o cientista no Brasil está, pelo menos no que diz respeito ao cinema, garantido para documentar e pesquisar, sem ônus.

Eu digo, pelo menos no que diz respeito ao cinema, porque me parece que em outros campos ele não está lá muito garantido – Tem mesmo que gemer com os cobres [...]. Eu conheço cientistas brasileiros que, como o Prof. Roquette-Pinto, gasta[m] tudo o que ganha[m] em material de laboratório ou construção de aparelhos para utilizar nos seus estudos e pesquisas. Um dos últimos filmes do Ince neste setor – pesquisas científicas originais – foi *Convulsoterapia Elétrica*, estudos do Prof. Oscar d'Utra e Silva do Instituto Oswaldo Cruz, Manguinhos. [...]

Depois dessas considerações é que eu compreendo melhor o que já ouvi várias vezes da boca do Prof. Roquette-Pinto.

Que, se o Instituto Nacional de Cinema Educativo não fizesse mais nada senão documentar as pesquisas e estudos de cientistas brasileiros, só isso bastaria para justificar a sua existência.

Mas o fato é que, além disso, o Ince faz muitas outras coisas [...][109].

A partir da realização de filmes científicos, o Ince mantinha algumas das formulações iniciais dos educadores da Escola Nova quanto às finalidades da produção de filmes de caráter educativo. Os filmes aparecem como possíveis instrumentos do conhecimento científico, como veículos de divulgação da ciência e como um arquivo de documentos visuais. Eram também definidos pelas suas potencialidades em arquivar imagens prototípicas das experiências humanas e como ferramenta de observação da natureza. Essas funções eram unidas pela crença na objetividade da imagem, em que predominava a concepção de que a câmera cinematográfica operava uma reprodução mecânica da natureza ou da sociedade.

A apreensão da "vida como ela é" e a simultaneidade do registro eram fatores que justificavam o caráter educativo que o cinema

---

109 Humberto Mauro, "Figuras e gestos", *A Cena Muda*, Rio de Janeiro: 14 mar. 1944, v. 23, n. 11, p. 24.

Fragmento de filme produzido pelo Instituto Nacional de Cinema Educativo, entre 1936 e 1945. O audiovisual contribuiu para a visualização da natureza em detalhe. Arquivo Gustavo Capanema, Acervo CPDOC-FGV.

podia incorporar naquele momento; ou seja, a noção de objetividade, garantida a partir da observação do mundo exterior mediada por uma máquina de visão[110], legitimava o seu potencial educativo e científico. Como afirma Venâncio Filho a respeito da técnica cinematográfica: "de tal sorte reproduz ela a sociedade a que serve, que nenhum outro meio de divulgação e comunicação logrou alcançar tanto a massa popular de toda a Terra"[111]. Outro fator era a crença de que a imagem visual podia ser mais eficaz do que as palavras para fazer conhecer uma determinada realidade. Para Roquette-Pinto, "sem ver, não se fica conhecendo bem o mundo [...,] o ouvido facilmente engana a alma [...] o olhar quase sempre esclarece. Por isso mesmo em vez de falar é sempre melhor mostrar ou desenhar!"[112].

Havia uma fé na imagem, uma crença nas possibilidades do cinema de documentar o real, apresentando-o em uma linguagem universal. As imagens do real cativariam o aluno para conhecer o mundo, despertariam o interesse da criança muito mais do que os livros. Na ciência, as imagens realistas

---

[110] João Luiz Vieira, "Anatomias do visível: cinema, corpo e a máquina de ficção científica", em: Adauto Novaes, *O homem-máquina: a ciência manipula o corpo, op. cit.*
[111] Francisco Venâncio Filho e Jonathas Serrano, "O cinema educativo", *op. cit.*, p. 166.
[112] Roberto Assumpção de Araújo, *O cinema sonoro e a educação, op. cit.*, p. 14.

corporificam e registram as provas de determinados eventos da natureza; no cinema educativo, as mesmas imagens, ademais, prendem a atenção do espectador, incitam a curiosidade e fornecem prazer pelo espetáculo.

Ao analisar a reforma educacional implantada entre os anos 1927 e 1930 no Distrito Federal, Fernando de Azevedo afirma que a Escola Nova procurou fundar a escola na realidade social, tendo como fonte de inspiração a ciência e os processos técnicos, pondo ao alcance da criança os recursos e as conquistas da ciência, tais como o disco, o cinema e o rádio[113]. Nesse novo processo pedagógico, o aprendizado tem por base a observação, obtida do contato do aluno com coisas e fatos desenvolvidos em excursões escolares, nos museus e, claro, através do cinema educativo:

> [...] muitos aspectos da natureza que só os sábios podiam contemplar, graças ao cinema tornaram-se acessíveis ao grande público. Assim, fenômenos que se passam no microscópio, como certas cristalizações ou certos movimentos de micro-organismos, podem hoje ser vistos por toda a gente, passando do recinto privilegiado dos laboratórios para as grandes telas. E novos recursos se associam. São os aparelhos de filmagem no seio das águas, são os recursos de câmera lenta ou acelerada, são as fotografias animadas de avião, são as micro e radio-cinematografias a perquirir todos os segredos ocultos da natureza mais recôndita dos organismos[114].

Mais do que tornar acessíveis as imagens que antes só eram vistas pelo microscópio e ao longo de vários dias de observação, o cinema educativo contribuiria com o professor em uma de suas principais funções, "mostrar e ensinar a ver"[115]. A imagem do

---

113 Fernando de Azevedo, *Novos caminhos e novos fins: a nova política de educação no Brasil*, São Paulo: Melhoramentos, 1958b.

114 *Idem, A cultura brasileira, op. cit.*, p. 169.

115 Joaquim Canuto Mendes de Almeida, *Cinema contra cinema: bases gerais para um esboço de organização do cinema educativo no Brasil, op. cit.*, p. 82.

Projeção de filmes em escolas da cidade de São Paulo em 1931. Arquivo Lourenço Filho, Acervo CPDOC-FGV.

cinema documentário, ordenada pelo discurso de cientistas e professores, ensinaria aos alunos a ver o mundo pelos olhos da ciência, pelos quais conseguiriam enxergar a natureza e a realidade brasileira com mais clareza e exatidão; ensinaria-lhes a ver a realidade pela mediação da máquina, garantindo maior objetividade, já que "o que o olho da objetiva vê, em qualquer parte, a película grava, para contar, mais tarde, pela projeção luminosa, numa exatidão e numa clareza de figura capazes de fazer inveja à própria realidade"[116].

Por fim, as imagens passadas na escola ensinariam a olhar para o próprio cinema e, assim, formariam um público de cinema. E um público exigente contribuiria para engendrar o próprio cinema nacional.

O Estado Novo e a integração das massas pelo cinema

A solução apontada por educadores para solucionar os problemas sociais brasileiros, qual seja, irradiar a educação e a cultura

---

116 *Ibidem.*

pelo território nacional, deu subsídio para a política de unificação nacional do Estado Novo, projetada principalmente por ações na área da cultura. Aos poucos, as ideias gestadas pelos escolanovistas foram colonizadas pelo Estado, que se serviu de uma pedagogia social para a construção de um "Homem Novo" e da "Boa Sociedade"[117]. As políticas nesse sentido, tendo como força motriz a cultura, deveriam ser desencadeadas por uma elite esclarecida, tecnocrática, organizada pelo Estado, capaz de gerir uma ampla reforma das consciências; essa necessidade de orientação ou educação advinha da concepção já mencionada de que as massas careceriam de capacidade para agir segundo seus próprios interesses.

A Revolução de 1930 suscitou um debate que se iniciou com a educação – mais especificamente, a respeito do ensino religioso nas escolas públicas –, mas que acabou assumindo uma feição eminentemente política. A Associação Brasileira de Educação, criada em 6 de outubro de 1924 e reduto dos escolanovistas, foi chamada em 1931 a desempenhar um papel conciliatório entre as tendências em confronto, porém preferiu engajar-se no campo da Escola Nova. O enrijecimento das posições entre católicos e educadores da Escola Nova coincidia com a acentuada polarização entre tendências totalitárias de direita e de esquerda, o que levou a Associação Brasileira de Educação a realizar algumas iniciativas isoladas, até que ingressou num estado de autêntica hibernação, ao longo de todo o Estado Novo.

O grupo da Escola Nova passou a sofrer a oposição, além da Igreja católica, de Francisco Campos, que havia sido aliado durante a década de 1920, período em que realizou no estado de Minas Gerais diversas reformas educacionais com base nas teorias escolanovistas. No entanto, a partir de 1930, aproximando-se cada vez mais do fascismo, Campos tomou posição radicalmente contra os preceitos liberais da Escola Nova, segundo os quais as

---

117 Carlos Monarcha, *A reinvenção da cidade e da multidão: dimensões da modernidade brasileira – a Escola Nova*, São Paulo: Cortez, 1989, p. 144.

liberdades individuais estavam acima de qualquer doutrina de Estado; ele considerava a democracia liberal decadente e por aí justificava a implantação de um regime totalitário nos moldes dos países europeus, como a Itália e Alemanha[118].

Nesse projeto político de Francisco Campos, os meios de comunicação de massa eram presentes, mas não com a finalidade de educar para a democracia, e sim de integrar politicamente a nova sociedade de massas. Segundo essa visão, "o mundo moderno é um mundo onde o que predomina é a cultura de massa, uma nova forma de integração que se origina nos mecanismos de contágio via ampliação e difusão dos meios de comunicação"[119]. Na área da educação, as estratégias dos antiliberais desqualificavam a razão em nome do privilégio aos sentimentos, ao instinto e à alma do povo[120]. Nas palavras de Campos, "o irracional é o instrumento da integração política total, e o mito que é a sua expressão mais adequada, a técnica intelectual de utilização do inconsciente coletivo para o controle político da nação"[121].

O cinema, por seu grande potencial de mobilizar o inconsciente e o lado irracional dos homens e, assim, instruir e instigar as grandes ações, foi visto pelo Estado Novo como um dos elementos centrais para o preparo e a orientação das massas. Francisco Campos chefiou uma comissão para equacionar a união entre cinema e educação; composta de exibidores, produtores e educadores, ela ainda acolheu, durante a I Convenção Nacional de Cinema, realizada em 6 de janeiro de 1932, as sugestões de outros elementos ligados ao mercado cinematográfico brasileiro.

A relação que o governo Vargas iria ter com o cinema ficou determinada pelo Decreto n. 21.240/1932, que nacionalizou os serviços de censura dos filmes exibidos no Brasil; tornou obrigatória

---

118 Valéria Lamego, *A farpa na lira: Cecília Meireles na Revolução de* [19]*30*, Rio de Janeiro: Record, 1996, p. 81.

119 Simon Schwartzman *et al.*, *Tempos de Capanema, op. cit.*, p. 63.

120 Maria Helena Capelato, *Os arautos do liberalismo: imprensa paulista 1920-1945, op. cit.*

121 Francisco Campos *apud* Simon Schwartzman *et al.*, *Tempos de Capanema, op. cit.*, p. 63.

a exibição de um filme educativo nas salas de cinema; obrigou a exibição de uma quantia fixa de filmes nacionais nos cinemas; estipulou a Taxa Cinematográfica para a Educação Popular; entre outras medidas.

A censura foi uma das estratégias utilizadas no período Vargas para direcionar a produção cinematográfica e justificar a intervenção do Estado. Em 1939, Roberto Assumpção de Araújo afirmou que a censura cinematográfica havia sido criada a fim de defender a moral pública e, utilizando uma frase de Platão, justificou a censura da seguinte forma: "é conveniente que uma lei obrigue ao poeta a conservar nos seus versos as ideias consideradas pelo Estado legítimas, justas, belas e honestas"[122]. Ainda que ressalvasse que a censura mal orientada poderia cometer alguns absurdos, o autor considerava que a necessidade de sua existência se apoiava em razões positivas e defendia a intervenção do Estado. O seu trabalho *O cinema sonoro e a educação* apresenta uma descrição do funcionamento da censura cinematográfica em países europeus e nos Estados Unidos, assim como um estudo – realizado pelo Ince por meio de um inquérito – sobre a proteção dos menores em face dos maus filmes, o qual reunia informações de 37 países; desses, dez proibiam taxativamente a entrada de menores nas salas de exibição cinematográficas públicas, havendo variação apenas no limite de idade, enquanto os outros 27 tinham apenas disposições de ordem geral referentes à frequência infantil, não havendo proibição absoluta[123].

No período da Revolução de 1930, muitos dos intelectuais liberais ligados a Fernando de Azevedo acreditaram que a revolução fosse ao encontro dos princípios propagados por eles e que representaria a modernização política e econômica do país. No entanto, logo perceberam que o governo de Getúlio Vargas favoreceria outros setores, como os católicos, que no campo educacional

---

122 Roberto Assumpção de Araújo, *O cinema sonoro e a educação*, op. cit., p. 43.
123 *Ibidem*, p. 46.

acabaram por ter maior influência. Fernando de Azevedo tinha o apoio de Gustavo Capanema, que tentou indicá-lo para o cargo de diretor nacional de educação, mas o seu nome sofreu forte oposição da Igreja católica, comandada então por Alceu Amoroso Lima. A prevalência dos posicionamentos da Igreja católica e a ascensão de Francisco Campos como primeiro titular do Ministério da Educação e Saúde, representando a articulação com o Estado Novo, marcaram a derrocada do projeto educacional do grupo da Escola Nova de Fernando de Azevedo. Após 1932, porém, Campos foi marginalizado no jogo político nacional; e, em 1934, Gustavo Capanema assumiu o Ministério da Educação e Saúde "como parte do acordo geral que então se estabelecera entre a Igreja e o regime de Vargas, proposto anos antes por Francisco Campos"[124]. Capanema tornou-se o homem de confiança da Igreja e incorporou na sua plataforma política o projeto educacional e pedagógico tal como havia sido elaborado por Alceu Amoroso Lima.

Toda essa disputa foi reportada por Cecília Meireles, defensora da Escola Nova, que escrevia na "Página de educação", publicada de 1930 a 1933 no *Diário de Notícias*, do Rio de Janeiro. Em carta de 1932 a Fernando de Azevedo, seu amigo, ela comenta os conflitos com a Igreja católica da seguinte forma:

> Muito pior que ela [uma gripe que assolava o Rio de Janeiro] é o Sr. Tristão de Ataíde, por exemplo. Ainda não li, mas sei que ele escreveu mais um dos seus venenosos artigos contra o Anísio. Está, evidentemente, resolvido a desmoralizar a Escola Nova, e isso de procurar confundi-la com o comunismo parece-lhe decerto um método de eficácia. Infelizmente, com esta ausência de mentalidade que caracteriza o nosso povo, com esta falta de análise e ventilação de quaisquer assuntos que signifiquem opinião, com esta facilidade com que qualquer pessoa desnatura publicamente o pensamento de outra, com o coro da ignorância e da má-fé tão pronto a se manifestar, e tão solidário

---

124 Simon Schwartzman *et al.*, *Tempos de Capanema*, *op. cit.*, p. 47.

– ainda a confusão é, na verdade, um método de resultados certos, entre nós[125].

Ausência de mentalidade, falta de opinião, ignorância: as palavras de Cecília Meireles elencam as preocupações desse grupo de intelectuais e explicam, em parte, por que a educação e a cultura se tornaram elementos-chave de transformação social. Seus artigos mostram a indignação com os rumos que a educação tomava após a revolução, principalmente em abril de 1931, quando Francisco Campos, ministro da Educação e Saúde, editou o decreto que incluía o estudo de religião nas escolas públicas. Segundo Valéria Lamego, a "Página de educação", porta-voz das ideias liberais, transformou-se num palanque de debates, dando início a uma campanha contra alguns membros da Igreja católica e contra Francisco Campos e suas posições totalitárias. O trecho anterior aponta também para uma das preocupações existentes entre os reformadores liberais, que era a formação da opinião pública, papel atribuído, principalmente, à imprensa e aos meios de comunicação de massa como o rádio e o cinema.

As crônicas de Cecília Meireles tecem ainda comentários a respeito dos princípios da Escola Nova e das ações que se desencadeavam nas escolas com base neles. Teatro, música, literatura, pintura e cinema estavam entre as inovações pedagógicas assinaladas por Meireles; em alguns dos seus escritos, encontramos referências ao cinema educativo, como no que foi publicado em 31 de outubro de 1931 no *Diário de Notícias*:

> O mundo inteiro se vem interessando pelo cinema educativo. Todos sabem que o cinema é um fator importantíssimo nas realizações da Escola Nova. O interesse pelas películas, a apresentação rápida dos

---

125 Cecília Meireles *apud* Valéria Lamego, *A farpa na lira: Cecília Meireles na Revolução de* [19]*30, op. cit.*, p. 10.

assuntos, a facilidade de aprender vendo, todas as qualidades de sedução e persuasão que caracterizam a projeção cinematográfica não podiam deixar de ser bem aproveitadas pelos educadores para completarem suas aulas, para deleitarem seus alunos, e para lhes oferecerem horizontes novos em todos os assuntos, permitindo-lhes uma vastidão de cultura mais rápida de adquirir em quadros completos que nas letras numerosas e nem sempre vívidas dos livros[126].

Com relação aos meios de comunicação, as relações entre o Ministério da Educação e os intelectuais foram infalivelmente conflituosas a partir de 1930. Por um lado, havia a defesa do uso dos meios de comunicação de massa para fins formativos e educativos nos moldes pensados pela Escola Nova e, por outro, as propostas de utilização desses meios para a mobilização popular e propaganda política.

No âmbito da produção cinematográfica, os produtores nacionais aliaram-se ao governo Vargas com a esperança de que o Estado viesse a dar mais subsídios ao cinema nacional. De fato, as primeiras medidas do governo iriam beneficiar os produtores pela diminuição das tarifas alfandegárias sobre a importação de filmes. A contrapartida deveria ser a participação da produção nacional de filmes no aprimoramento educacional e moral do povo brasileiro.

Durante o Estado Novo, esse projeto de transformar o cinema no grande veículo educativo e de integração nacional será levado à frente pelo poder político. De acordo com Simis, "o cinema poderia ser portador de uma ideologia nacionalista que se ocuparia em identificar uma coletividade histórica em termos de nação [...]. A contribuição do cinema na *formação* da nação, a par das suas vantagens pedagógicas, teria ressonância junto ao poder", e foi nesse sentido que o Instituto Nacional de Cinema Educativo foi criado, em 1936, por Roquette-Pinto[127], durante a gestão de

---

126 Cecília Meireles, *Crônicas de educação*, v. 4, Rio de Janeiro: Nova Fronteira, 2001, p. 55.
127 Anita Simis, *Estado e cinema no Brasil*, São Paulo: Annablume, 1996, p. 26-27.

Gustavo Capanema no Ministério de Educação e Saúde. O Ince representava um projeto articulado com o governo de Getúlio Vargas, que, no esforço de construir uma identidade imprescindível ao desenvolvimento industrial e à constituição de um mercado, valorizou os instrumentos de difusão cultural[128].

Entre os veículos do período que se dedicavam ao cinema, foi a revista *Cinearte*, fundada em 1926 por Mário Behring e Adhemar Gonzaga, a porta-voz do cultivo de uma imagem nacional através do cinema. A publicação defendia a implantação de uma mentalidade moderna no país, entendida como a capacidade de assimilação de novas técnicas, notadamente a cinematográfica, pela superação do atraso intelectual. Segundo Ismail Xavier, seria nas telas, e não nas ruas, que se deveria produzir a imagem de progresso do país[129]. Os elogios à dignidade do cinema como arte nova e independente seriam suplantados pela preocupação com o cinema educativo e sua implantação no Brasil; a aplicação pedagógica e os serviços do cinema à ciência concluiriam a imagem de seriedade e fariam a ponte para a sensibilização das elites letradas.

A *Cinearte* procurava fomentar o cinema nacional e, ao mesmo tempo, estabelecer os critérios do bom filme, indicando aquilo que merecia ser projetado na tela: o nosso progresso, as obras de engenharia moderna, a nossa natureza. Mário Behring dedicou à discussão desse tema grande parte dos seus editoriais na revista, nos quais denunciava o abandono do filme educativo no Brasil e descrevia os trabalhos que estavam sendo feitos no exterior sobre essa questão.

Conforme análise de Almeida, a década de 1930 assistiu à formação de uma legislação protecionista com relação à atividade cinematográfica[130], o que favoreceu a fundação de companhias cinematográficas, como a Brasil Vita Filme, de Carmem Santos e Humberto Mauro. No entanto, a partir do Estado Novo, com a

---

128 Fernão Pessoa Ramos e Luiz Felipe Miranda, *Enciclopédia do cinema brasileiro, op. cit.*

129 Ismail Xavier, *Sétima arte, um culto moderno*, São Paulo: Perspectiva, 1978.

130 Cláudio Aguiar Almeida, *O cinema como "agitador de almas", op. cit.*

criação dos cinejornais, o Estado foi tomando cada vez mais para si, por meio dos organismos oficiais, a tarefa de produzir os próprios filmes, frustrando a expectativa dos produtores nacionais de se beneficiarem com os filmes de propaganda do novo governo. Como nota Souza, na década de 1930, havia uma disputa entre diversos projetos ideológicos sobre os destinos da propaganda nos meios de comunicação de massa, "que não se limitavam à construção da mitologia varguista, como também da veiculação de uma série de ideias sobre o Estado e a Nação"[131].

Ao se contrapor os vários discursos elaborados no período, percebe-se que havia uma concorrência principalmente entre os diferentes usos que poderiam ser dados ao rádio e ao cinema, por serem meios de forte apelo popular. Em 1932, na gestão de Francisco Campos, o Ministério da Educação se colocou como órgão responsável pela ação governamental na área de cinema educativo, mencionou a necessidade de criação do Instituto Nacional de Cinema Educativo e lançou as bases para a criação de um departamento de propaganda do ministério. Em 1934, esse departamento foi criado, subordinado ao Ministério da Justiça, tomando para si as ações em torno do cinema e do rádio. Em 1937, as reformas do Ministério da Educação e Saúde criaram no âmbito deste o Ince; e, em 27 de dezembro de 1939, foi criado o Departamento de Imprensa e Propaganda, que ficou subordinado ao Ministério da Justiça. Segundo Eduardo Morettin, foi este órgão, o DIP, que representou com maior ênfase a intervenção do Estado na área cinematográfica, pela censura, fiscalização, exibição e produção de filmes[132].

Liberais e antiliberais, convergentes em sua definição do povo como criança a ser protegida, defendiam já nos anos 1920 a

---

131 José Inácio de Melo Souza, *O Estado contra os meios de comunicação (1889-1945)*, *op. cit.*, p. 14.

132 Eduardo Morettin, *Os limites de um projeto de monumentalização cinematográfica: uma análise do filme "Descobrimento do Brasil" (1937), de Humberto Mauro*, tese (doutorado em Ciências das Comunicações) – USP, São Paulo: 2001, p. 55.

presença do Estado forte. Também era assim que o povo aparecia nos discursos referentes ao cinema, segundo os quais o Estado deveria proteger os cidadãos contra o "mau cinema", que veiculava cenas de violência; e privilegiar o "bom cinema", veiculador de valores morais e educativos. Eram as perspectivas com relação à ação do Estado que diferenciavam esses discursos entre si: para os liberais, a relação do Estado era com os cidadãos, e o progresso seria conquistado pela ciência e pela técnica; já os antiliberais católicos negavam os valores da sociedade industrial e recusavam a técnica, num conflito entre religião, razão e ciência. Os liberais exigiam a participação política ampla e a formação de uma opinião pública; os antiliberais propuseram uma participação política restrita aos sindicatos e não acreditavam na existência de uma opinião pública.

2

A EDUCAÇÃO NO CINEMA

No capítulo anterior, abordamos as propostas de utilização do cinema na educação feitas entre os anos 1920 e 1930 por educadores brasileiros vinculados ao movimento Escola Nova. Neste capítulo, analisaremos as sugestões de inserção da educação no cinema feitas por aqueles que faziam parte da crítica de cinema e da produção cinematográfica no período, os quais formavam um grupo heterogêneo, de formação intelectual variada, mas vinculado pela missão de criar um cinema nacional.

A revista *Cinearte*

A necessidade de educar o povo brasileiro é tema constante nos artigos da revista *Cinearte* publicados entre os anos 1920 e 1930 e aqui analisados. A revista, que servia como um espaço de troca de ideias e de experiências em torno do cinema, expunha a posição de intelectuais, de artistas e da crítica de cinema do período a respeito da produção internacional e nacional de filmes e da implantação de uma indústria cinematográfica no Brasil. Nas suas páginas, a *Cinearte* manifesta vários enfoques da relação entre cinema e educação: o cinema nas escolas; o papel do cinema de enredo na educação; o filme natural e a educação; as ações governamentais referentes ao cinema educativo; o cinema educativo na Europa e nos Estados Unidos; a educação do público de cinema; o cinema e a ciência; a educação do fazer cinema.

A revista publicava notícias que vinham dos Estados Unidos e da Europa das novidades na produção de filmes educativos, transcrevia artigos de revistas de cinema internacionais sobre o tema, assim como reproduzia notícias de ações governamentais que estavam sendo desenvolvidas a fim de instaurar o cinema educativo no Brasil e relatava as atividades das comissões oficiais que se formaram para analisar o uso do cinema nas escolas. Os educadores da Escola Nova que defendiam a produção de filmes educativos, principalmente Francisco Venâncio Filho e Jonathas Serrano, também foram notícia nas páginas da *Cinearte*[133].

As revistas especializadas[134] que circulavam naquele período desempenharam um papel importante na difusão das ideias sobre cinema; no contato entre técnicos e produtores; na divulgação dos filmes ao público; e nas ações em geral de estímulo à produção cinematográfica nacional, já que, até os anos 1920, predominavam na produção de filmes no Brasil os documentários, classificados em *naturais* ou de *cavação*, que se caracterizavam por apresentarem cenas de fazendas, da natureza, ou por serem encomendas de governantes locais.

A partir de 1930, a *Cinearte* ganha importância devido ao sucesso de seus primeiros números, que, além das resenhas de filmes e dos comentários sobre as produções, revelavam um caráter combativo na questão da consolidação de um cinema nacional e na defesa da produção de filmes de enredo realizados em estúdios brasileiros. São permanentes, nos 16 anos da revista, as seções dedicadas ao cinema brasileiro, as quais, apresentadas em duas páginas

---

133 Ver Taís Campelo Lucas, *Cinearte: o cinema brasileiro em revista (1926-1942)*, dissertação (mestrado em História) – UFF, Niterói: 2005.

134 Nas primeiras décadas do século XX, surgem várias publicações sobre cinema no Rio de Janeiro, entre elas: *A Fita* (1913), *Revista dos Cinemas* (1917), *Palcos e Telas* (1918), *Cine Revista* (1919), *Paratodos* (1919), *A Tela e Artes e Artistas* (1920), *Telas e Ribaltas* e *A Cena Muda* (1921) e *Foto-Film* (1922).

Cartaz da comédia musical *Alô, Alô, Carnaval*, da Cinédia, dirigida por Adhemar Gonzaga e Wallace Downey. Acervo Cinemateca Brasileira.

no início, tiveram nomes diversos: "Filmagem brasileira", "Cinema brasileiro", "Cinema do Brasil". Nessas colunas, eram publicadas matérias sobre estrelas do cinema nacional, sobre os filmes que estavam sendo produzidos e sobre a problemática da indústria cinematográfica nacional, além de entrevistas com diretores e técnicos e artigos sobre a política estatal para o cinema brasileiro[135].

Publicada no Rio de Janeiro entre 1926 e 1942, a *Cinearte* teve inicialmente como editores Adhemar Gonzaga (1901-1978) e Mário Behring (1876-1933). Gonzaga, que havia sido crítico de cinema nas revistas *Palcos e Telas*, em 1920, e *Paratodos*, entre 1922 e 1924, era defensor da produção de filmes posados, definidos como drama, e empreendeu diversas campanhas em prol do cinema nacional, tendo viajado várias vezes aos Estados Unidos a fim de entender como funcionava a estrutura cinematográfica de Hollywood.

---

135 Taís Campelo Lucas, *Cinearte: o cinema brasileiro em revista (1926-1942)*, op. cit.

Capa da revista *Paratodos...* (ano 6, n. 271, 23 de fevereiro de 1924). Acervo Digitalizado do Arquivo Público do Estado de São Paulo.

Em 1930, fundou a empresa cinematográfica Cinédia, produzindo cinejornais, filmes de curta e longa metragem e dirigindo filmes como *Barro humano* (1929) e *Alô, alô, Carnaval* (1935), entre outros[136]. Como ele mesmo afirmou nas suas memórias, o seu objetivo com a *Cinearte* era formar mentalidades cinematográficas – formar o público, diretores e técnicos de filmes – 'e assim promover a indústria cinematográfica, sobretudo para a confecção dos filmes de enredo.

Esses primeiros críticos de cinema no Brasil atuaram como fomentadores da produção nacional e como idealizadores de uma "estética" para o cinema brasileiro, censurando determinadas imagens e citando outras como ideais à representação do país na tela, delimitando, assim, quais "as imagens do Brasil que esses filmes deveriam veicular: modernização, urbanização, juventude e

---

[136] Fernão Pessoa Ramos e Luiz Felipe Miranda, *Enciclopédia do cinema brasileiro*, *op. cit.*

riqueza, evitando o típico, o exótico e, sobretudo, a pobreza e a presença de negros"[137]. Ademais, desde os anos 1920, jovens jornalistas cariocas, como o próprio Adhemar Gonzaga, nas revistas *Paratodos* e *Cinearte*, e Pedro Lima, na *Selecta*, em seu esforço de fomento à produção nacional (através, por exemplo, da Campanha pelo Cinema Brasileiro), procuravam melhorar as salas de exibição, definindo também como elas deveriam ser e os filmes que nelas deveriam ser veiculados.

Integrante do mesmo circuito de críticos de cinema, Mário Behring se diferenciava por ser cético em relação à consolidação do cinema nacional. Segundo Paulo Emílio Salles Gomes, Behring era mais culto que a média do público de cinema da época, mas, como todos de sua geração, se interessava pelos filmes de enredo estrangeiros[138]. Ainda assim, nos editoriais da *Cinearte* que escreveu no lugar de Adhemar Gonzaga durante a viagem deste aos Estados Unidos, nos anos de 1927, 1929 e 1932, defendeu o uso pedagógico do cinema. Behring já tinha desenvolvido várias outras atividades; tinha sido, por exemplo, diretor e colaborador das revistas *Kosmos*, de 1904 a 1909, e *Paratodos*, de 1919 a 1924, além de funcionário na seção de manuscritos da Biblioteca Nacional, onde ingressara em 1903, e da qual, em 1924, assumira a direção-geral, tendo permanecido no cargo até 1932. Com relação à produção de filmes nacionais, Behring defendia a realização dos documentários com fins educativos para que os brasileiros que não sabiam ler e escrever conhecessem o país. Em 1933, quando ele faleceu, a *Cinearte* publicou em sua homenagem um artigo no qual o apresenta como o primeiro intelectual brasileiro a tratar o cinema como arte e pensamento, assim como realizador da primeira crítica séria de cinema no Brasil. É descrito também como o primeiro a pugnar pelo cinema educativo no país[139].

---

137 Sheila Schvarzman, "Ir ao cinema em São Paulo nos anos [19]20", *Revista Brasileira de História*, São Paulo: jan.-jun. 2005, v. 25, n. 49.

138 Paulo Emílio Salles Gomes, *Humberto Mauro, Cataguases, Cinearte*, São Paulo: Perspectiva, 1974.

139 Dr. Mário Behring, *Cinearte*, Rio de Janeiro: 1º jul. 1933, v. 8, n. 370.

Além dos editoriais de Behring, outras seções da *Cinearte* foram dedicadas à questão do uso do cinema na educação. Sergio Barreto Filho, em 1929, tornou-se responsável pela seção "Cinema de amadores" (anteriormente denominada "Um pouco de técnica"), na qual os amadores podiam ter conhecimento da técnica cinematográfica e dos novos equipamentos e trocar experiências com outros cineastas amadores. Barreto, considerado um grande conhecedor da técnica cinematográfica, atuava como uma espécie de instrutor de como fazer um filme, educava para o cinema e comentava a respeito de como os filmes poderiam servir para a educação do povo brasileiro de uma forma geral. Em 1931, ele assumiu também a coluna "Cinema educativo", que tinha por objetivo publicar artigos de educadores ao redor do mundo e que foi inaugurada em 30 de setembro de 1931, com a transcrição de algumas palavras dos educadores Jonathas Serrano e Francisco Venâncio Filho a respeito do uso do cinema na educação.

Em 1938, essas colunas passaram a ser assinadas por Jurandyr Passos Noronha. Ele inaugurou a sua participação em "Cinema educativo", em 1º de fevereiro, com a citação de um jornalista da revista *Panorama*: "não é de meu objetivo estudar se o filme é de fato um meio educativo; considero esta pergunta resolvida e suficientemente demonstrada"[140]. Prossegue o texto descrevendo as funções e as ações do Instituto Nacional de Cinema Educativo, órgão para o qual trabalharia na década de 1940, como chefe da seção de adaptação do Serviço de Técnica Cinematográfica; no Ince, dirigiria também alguns filmes educativos, como *A doença de Chagas* (1948), *A medida do tempo* (1964), *O monumento* (1965) e *Uma alegria selvagem* (1966)[141].

Entre 1927 e 1930, Joaquim Canuto Mendes de Almeida foi um dos articulistas da *Cinearte*. Em 1931, já estava afastado das atividades do jornalismo e do cinema. Neste ano, o número

---

140 Jurandyr Passos Noronha, *Cinearte*, Rio de Janeiro: 1º fev. 1938, v. 13, n. 480, p. 12.
141 Fernão Pessoa Ramos e Luiz Felipe Miranda, *Enciclopédia do cinema brasileiro, op. cit.*

de dezembro da revista publicou uma matéria sobre o livro de Canuto, *Cinema contra cinema: bases gerais para um esboço de organização do cinema educativo no Brasil*, apresentando-o como um esboço do cinema educativo no Brasil[142].

Quando, em 1930, Francisco Campos é nomeado para a pasta de Instrução Pública, a *Cinearte* manifesta o seu apoio, com a crença de que a partir daquele momento se cuidaria a sério do problema educacional do país. Adhemar Gonzaga acreditava que o estímulo à produção de filmes educativos promoveria o cinema nacional. Embora várias campanhas tenham acontecido para a fundação de companhias cinematográficas, como a Brasil Vita Filme, a partir do Estado Novo, com a criação dos cinejornais, o fato de o Estado tomar mais para si a tarefa de produzir os próprios filmes frustrou, como já dissemos, a expectativa dos produtores nacionais de se beneficiarem com os filmes de propaganda do novo governo.

A revista *Cinearte* empreendeu uma longa campanha pela implantação do cinema educativo nas escolas brasileiras e se autoproclamava a porta-voz dessas experiências no Brasil. Nas suas páginas, são feitas cobranças ao governo para desenvolver ações que promovessem a produção de filmes pedagógicos e a circulação destes filmes, fosse pela instalação de projetores nas escolas ou pela obrigatoriedade do complemento de filmes nacionais nas salas de exibição. Na revista, são reportadas as medidas governamentais que foram realizadas, entre elas: a nacionalização do serviço de censura e a criação da Taxa Cinematográfica (Decreto n. 21.240/1932); a criação do Departamento de Propaganda e Difusão Cultural (Decreto n. 24.651/1934); e a criação do Instituto Nacional de Cinema Educativo (Lei n. 374/1937). Todas essas medidas são recebidas com entusiasmo pelo grupo da *Cinearte*, que, entretanto, passados meses da implementação de cada lei, faz cobranças para que sejam de fato efetivadas.

---

142 *Cinearte*, Rio de Janeiro: 30 dez. 1931, v. 6, n. 305, p. 10.

Adhemar Gonzaga desejava influir diretamente na prática cinematográfica nacional. Suas ações nesse sentido foram várias: fundou em 1930 o estúdio Cinédia, no Rio de Janeiro; em 1932, dirigiu a primeira Associação Cinematográfica de Produtores Brasileiros; participou das discussões que deram origem à criação da Lei n. 21.240 de 1932, que diminuiu o imposto sobre o filme virgem e tornou compulsória a exibição dos filmes brasileiros; em 1933, foi membro da Comissão Especial do Ministério do Trabalho, Indústria e Comércio, encarregada de elaborar um estatuto para profissionais de teatro e outros centros de diversão; em 1935, atuou na Distribuidora de Filmes Brasileiros (DFB), que reuniu vários produtores do cinema nacional.

Entre 1924 e 1930, Gonzaga, junto com o jornalista Pedro Lima, empreendeu uma campanha que propunha uma série de medidas de proteção ao cinema nacional: a exigência de exibição de filmes nacionais; a criação de uma distribuidora única de "posados"; a isenção da taxa alfandegária cobrada para o filme virgem; e um modelo de produção baseado na política de *star system* de Hollywood.

A educação na *Cinearte*

Carmem Santos e Adhemar Gonzaga serão autores de vários artigos publicados no período que afirmam a capacidade do cinema para educar a população brasileira. Carmem Santos, em artigo publicado em *A Cena Muda* de 1º de março de 1932, considera que:

> O cinema é o livro do futuro. Ganha-se mais vendo um filme do que lendo uma biblioteca. E nem todos têm tempo para ler. E as bibliotecas não só estão fora do alcance fácil do povo como a aquisição de livros se torna proibitiva às classes pobres. Com dez tostões pode uma criatura, que se deseje instruir, ver dois a três filmes educativos sobre assuntos diversos [...]. Os intelectuais brasileiros

precisam conhecer a linguagem cinematográfica e escrever cinema para o povo[143].

Mas, para a *Cinearte*, o que vinha a ser educação? Por que cinema e educação? Como o cinema poderia contribuir para a educação do povo brasileiro? Em consonância com o diagnóstico que educadores e políticos faziam da realidade nacional do período, a revista apontava o cinema como a grande arma contra o analfabetismo, os problemas de higiene e a ignorância da população. Nas páginas da *Cinearte*, a educação aparece como o meio mais eficaz de fazer o Brasil se mover para a frente, de alcançar o progresso, de eliminar o atraso. Seria também o caminho para criar cidadãos capazes de participar da vida política, já que os problemas políticos não poderiam ser solucionados com eleitores analfabetos. O cinema era visto como um grande propagador de conhecimentos, que poderia transportar para longas distâncias a palavra de especialistas; seria o veículo de lições ambulantes, com a vantagem de levar a imagem, e não apenas a palavra.

O esforço da *Cinearte* será o de mostrar como o cinema nacional poderia ser o grande aliado nessa empreitada educacional. E aí a relação entre educação e cinema aparece de forma ampla, não somente nos filmes educativos destinados aos bancos escolares: cinema de enredo, filmes naturais, filmes instrutivos, filmes educativos, cinejornais, filmes científicos, filmes de propaganda, enfim, todas as modalidades de cinema serviriam ao propósito maior da educação.

Em 1932, a *Cinearte* publica uma matéria a respeito do primeiro relatório dos trabalhos da Comissão de Censura Cinematográfica, criada pelo Decreto n. 21.240/1392. Nessa matéria, ressalta-se o grande número de filmes de caráter educativo que passou pelos censores[144]: a comissão analisou 309 filmes no primeiro relatório, sendo 84 dramas, 40 comédias, 54 jornais,

---

143 *A Cena Muda*, Rio de Janeiro: 1º mar. 1932, v. 11, n. 571, p. 8-9.
144 "Foi publicado o primeiro relatório dos trabalhos da Comissão de Censura Cinematográfica", *Cinearte*, Rio de Janeiro: 12 out. 1932, v. 7, n. 346.

43 filmes educativos, 8 filmes naturais, 11 filmes em série, 53 desenhos animados, 15 *shorts* e revistas e 2 *trailers*. O autor da matéria ressalta que alguns filmes, como alguns jornais e um drama, foram deslocados para a categoria de filmes educativos e aponta que, dos 43 filmes educativos, 2 eram alemães, 1, francês, e os outros todos, norte-americanos.

Essas informações contribuem para percebermos as tentativas de se definir o que viria a ser o filme educativo e o deslocamento de determinados gêneros para essa categoria. Provavelmente, a maioria dos 43 filmes classificados como educativos era constituída de documentários de caráter mais escolar e de filmes de divulgação de conhecimentos sociais e das ciências naturais. Os outros gêneros, apesar disso, não eram descartados como filmes que poderiam servir à educação. Sendo assim, o filme posado poderia também estar a serviço da educação, como defendiam vários integrantes do cinema educativo, inclusive Roquette-Pinto, o fundador do Instituto Nacional de Cinema Educativo. Em 1944, Humberto Mauro, na sua coluna "Figuras e gestos" da revista *A Cena Muda*, responde à pergunta sobre a diferença entre o cinema instrutivo e o cinema educativo utilizando as palavras de Roquette-Pinto sobre a questão:

> Não é raro encontrar, mesmo no conceito de pessoas esclarecidas, certa confusão entre Cinema Educativo e Cinema Instrutivo. É certo que os dois andam sempre juntos e muitas vezes é difícil ou impossível dizer onde acaba um e começa outro, distinção que aliás não tem de fato grande importância na maioria das vezes. No entanto, é curioso notar que o chamado Cinema Educativo, em geral, não passa de simples Cinema de Instrução. Porque o verdadeiro educativo é outro, o grande cinema de espetáculo, o cinema de vida integral. Educação é principalmente ginástica do sentimento, aquisição de hábitos e de costumes de moralidade, de higiene, de sociabilidade, de trabalho e até mesmo de vadiação [...]. Tem de resultar do atrito diário da personalidade com a família e com o povo. A Instrução dirige-se principalmente à inteligência. O indivíduo pode instruir-se sozinho; mas não pode

educar-se senão em sociedade. O bom senso irônico do povo marcou espontaneamente a situação do instruído deseducado quando se riu do ferreiro que usa espeto de pau.

São pois muito grandes as responsabilidades do cinema, de grande espetáculo.

Arquivando e divulgando como nenhuma outra arte o que há de bom e de mau, tem uma função dinâmica de constante agitador de almas, influindo diretamente nas decisões dos fracos e sugestionando os fortes[145].

Para Roquette-Pinto, o conceito de educação incluía a orientação social, o que tornaria a educação mais ampla do que a instrução, que significava simplesmente a transmissão de conhecimentos ou de informação. Não era apenas de conhecimento que a população brasileira necessitava. O povo precisava de algo mais do que instrução: urgia que fosse orientado em termos sociais, higiênicos, médicos e morais. Poderia haver muitos instruídos, mas estes, contudo, eram "deseducados" socialmente[146]. A diferenciação entre educação e instrução fazia parte das premissas do ideário positivista[147] de Roquette-Pinto.

---

145 Humberto Mauro, "Figuras e gestos", *A Cena Muda*, Rio de Janeiro: 11 abr. 1944, v. 24, n. 15, p. 30.

146 João Baptista Cintra Ribas, *op. cit.*

147 Auguste Comte, o fundador da sociologia positivista, teve também um percurso como educador popular, como parte das atividades desenvolvidas na Associação Politécnica para Instrução Popular por volta de 1840, em Paris; lecionava astronomia em cursos realizados especialmente para os operários, com a justificativa de que tal disciplina poderia ajudá-los a compreender que o universo tem uma ordem natural independente das ações humanas, assim como a sociedade segue uma ordem natural, sem que os indivíduos devessem causar qualquer desestabilização. Nessa associação, Comte conheceu o coronel Racourt, também professor, que tinha por objetivo não apenas instruir, mas educar seus alunos. Educar significava ir além da transmissão das "noções científicas" e ensinar a distinguir entre "o bom e o mau emprego das sensações", o que significava dar uma educação moral para que os operários pudessem se adaptar às novas condições sociais existentes. A sociedade moderna e industrial havia criado condições de trabalho diferenciadas, e o povo precisava estudar as novas técnicas advindas do desenvolvimento das ideias científicas. No projeto de regeneração social de Auguste Comte, os cientistas, portanto, tinham um papel fundamental.

Roquette-Pinto, ao conceber a educação popular a partir dos princípios positivistas, acreditava que um projeto educacional abarcaria diversos outros aspectos além dos conhecimentos escolares. Para lográ-lo, vários instrumentos poderiam ser utilizados; no caso do cinema, a educação poderia se dar não somente pelos filmes instrutivos, destinados às escolas, mas também pelos filmes posados. Estes, segundo ele, atingiam um maior número de pessoas e atuavam de forma direta na emoção do público; essa atuação na emoção ia ao encontro, igualmente, de seus preceitos positivistas, segundo os quais a educação de determinados povos pertencentes a um patamar inferior da evolução social, ao estágio da infância da humanidade, seria alcançada não pela força, mas pelo convencimento.

A *Cinearte*, ao mencionar o cinema educativo, incluía os filmes de turismo e de propaganda, enfim, documentários em geral, e não apenas os produzidos especialmente para fins escolares, pois via neles uma forma de proporcionar um conhecimento amplo do Brasil para os próprios brasileiros, de educar para o trabalho, de dar lições de saúde, como também de civismo[148].

No Brasil, os territórios desconhecidos, aquelas regiões sobre as quais grande parte da população nada sabia, habitadas por homens e mulheres que eram considerados incultos, regiões distantes da "civilização" moderna, eram, na verdade, geograficamente próximas. O sertão, a poucos quilômetros das capitais, era uma fonte permanente de preocupações intelectuais e políticas e foi, antes de tudo, "imagem fabricada, invenção dos homens cultos que, das varandas costeiras, olhavam para o interior"[149]. O cinema nacional tinha, como nenhum outro meio, a capacidade de produzir as imagens do interior do Brasil. Adquiriu, assim, essa missão e, também, a de civilizar o próprio país, já que as imagens poderiam educar a população interiorana carente de ensinamentos de higiene, saúde, técnicas de trabalho etc.

---

148 *Cinearte*, Rio de Janeiro: 2 jan. 1929, v. 4, n. 149, p. 38.

149 Fernanda Arêas Peixoto, "A pátria geográfica: sertão e litoral no pensamento social brasileiro", *Mana*, Rio de Janeiro: abr. 1999, v. 5, n. 1.

Cena do filme *Os florões de uma raça*, curta-metragem silencioso de não ficção de 1929 sobre a eleição da Miss Brasil daquele ano. O próprio título do filme já indica qual nação moderna e civilizada se queria mostrar para o mundo: o que deveria aparecer nas telas era a sociedade branca e urbana. Acervo Cinemateca Brasileira.

Os filmes tinham, então, a missão de fazer circular determinadas imagens do país, a fim de promover uma unidade, modernizar e divulgar as diferentes porções do território nacional, considerado descontínuo, partido e heterogêneo cultural e socialmente. O Brasil precisava de publicidade, voltada não apenas ao exterior, mas, principalmente, aos próprios brasileiros. Como afirmou Ismail Xavier, a *Cinearte* tinha orgulho de sua competência publicitária e acreditava na potencialidade desse tipo de divulgação[150]. Por esse meio, os brasileiros poderiam ser convencidos de sua unidade social e cultural, ou seja, podiam se reconhecer como pertencentes a uma nação. O cinema, selecionando as melhores imagens, aquelas que melhor representassem uma sociedade moderna e civilizada, poderia cultivar um determinado olhar para o Brasil. Daí a importância da propaganda do Brasil, para dentro e para fora do país, bastante enfatizada nas páginas da revista[151].

---

150 Ismail Xavier, *Sétima arte, um culto moderno*, São Paulo: Perspectiva, 1978.
151 Antonio Cicero, "A cinematografia nacional: necessidade de sua expansão – a propaganda pelo *film*", *Cinearte*, Rio de Janeiro: 2 jan. 1929, v. 4, n. 149, p. 38.

Cinema Pathé, na avenida Rio Branco, no Rio de Janeiro, em 1919. Fotógrafo não identificado/Coleção Gilberto Ferrez/Instituto Moreira Salles.

O cinema apresentaria para aqueles que viviam nas grandes cidades o próprio país e ensinaria ao público citadino a verdadeira realidade nacional. A coluna "Cinema brasileiro" da *Cinearte* cita um artigo publicado no *Jornal do Comércio*, do Rio de Janeiro, escrito por Victor Vianna, autor de análises sobre o espaço rural brasileiro na década de 1920:

As companhias cinematográficas nacionais estão prestando um excelente serviço, reproduzindo cenas do interior do país. O público elegante das grandes cidades não compreende às vezes o valor dessa documentação. O preparo da farinha, a extração de babaçu, a colheita de algodão e outras cenas do trabalho indígena mostram, na nitidez do *screen*, que a vida dos bravos patrícios que se entregam a estes misteres é, sob o ponto de vista sociológico, incontestavelmente colonial.

Nos Salões elegantes dos cinemas caros, ostenta-se a diferença. Homens e senhoras de vestimentas caras, lavados e perfumados, contemplam na tela os andrajos dos patrícios que são a força produtora intrínseca da nossa nacionalidade [...][152].

O autor descreve o público elegante que frequentava os cinemas e que desconhecia a vida dos trabalhadores rurais brasileiros, parte da força produtiva da nação. O cinema revelava, assim, o contraste entre os dois mundos: o do trabalhador rural representado na tela e o do público dos salões da capital.

Como afirma Schvarzman, nos anos de 1920, o cinema é concebido "como um artifício, uma 'arma' moderna, portadora e transmissora da modernidade"[153]. O século XIX foi o século das grandes descobertas, dos inventos técnicos e da moderna engenharia. Invenções como o automóvel, o telefone, a telegrafia e o cinematógrafo de Lumière garantiram para o século XX maior velocidade, a diminuição das distâncias e a valorização da imagem visual. Grandes inventos estavam concentrados na área de comunicação e permitiam a passagem dos fluxos de informação por territórios ainda isolados. Esses inventos transformaram a ciência e o progresso técnico em sinônimos de civilização moderna. No Brasil, os novos aparatos técnicos foram vistos como solução para "civilizar" o interior do país, ou o sertão, como eram chamados os territórios ainda não desbravados, considerados "atrasados" material

---

152 "Cinema brasileiro", *Cinearte*, Rio de Janeiro: 15 nov. 1935, v. 10, n. 427, p. 21-22.

153 Sheila Schvarzman, "Ir ao cinema em São Paulo nos anos [19]20", *Revista Brasileira de História*, São Paulo: jan./jun, 2005, v. 25, n. 49.

Crianças indígenas Parintintins com um gramofone, em 1926. Acervo Arquivo Nacional.

e culturalmente. "A República parecia ter pressa em transportar o pensamento de seus cidadãos de um lado a outro do seu território, colocando em comunicação estados-irmãos que, até então, tinham ficado à parte da nação brasileira em função da distância e, também, do 'atraso' técnico que os separava"[154].

Tanto nos textos dos educadores da Escola Nova como nos artigos da revista *Cinearte*, encontramos esse vínculo entre o cinema educativo, a técnica e a ciência. O cinema, ele próprio consequência de uma série de inventos do século XIX, é descrito como uma evolução de equipamentos de registro de imagens. O cinema educativo, sucessor da imprensa e da fotografia, representava a última invenção numa cadeia evolutiva de instrumentos didáticos. As técnicas de registro, da escrita e da imagem se sucederam no tempo: livros, mapas, observação da natureza, lousas, até o surgimento da fotografia e do cinema como técnicas de ensino[155].

As técnicas eram instrumentos capazes de corporificar a concepção de educação, que significava principalmente "levar cultura"

---

154 *Ibidem*.
155 "A investidura do dr. Anísio Teixeira na Diretoria da Instrução Municipal", *Cinearte*, Rio de Janeiro: 28 out. 1931, v. 6, n. 296, p. 3.

a uma população alheia às letras, ao progresso e à civilização. A inserção do povo brasileiro num novo patamar cultural garantia não apenas uma mudança social, mas, sobretudo, a formação de um público de cinema, de novas mentalidades aptas à linguagem cinematográfica. A educação no cinema podia, então, fomentar o próprio cinema. Por um lado, a nova tecnologia das imagens em movimento era agente desse processo educacional, e, sob essa ótica, podiam ser acrescentados à palavra *cinema* vários adjetivos que enfatizavam o seu potencial de transformação social: "cinema--utilidade, cinema-benfeitor, cinema-transformador, cinema-progresso, cinema-civilização, cinema-cultura"[156]. Por outro lado, na visão da *Cinearte*, o cinema também devia passar por um processo de educação, ou seja, o "mau" cinema devia se transformar em "bom" cinema; o cinema nacional tinha de aperfeiçoar sua técnica; o cinema de enredo precisava de melhores roteiros, de uma melhor escolha dos temas; enfim, o cinema nacional também tinha muito o que aprender.

Por isso, a educação que aparece na revista refere-se também ao próprio cinema (ensino da linguagem cinematográfica, utilização dos equipamentos, recorte das cenas, educação do público quanto ao "bom" cinema) e inclui as questões relativas aos propósitos de nacionalização da indústria cinematográfica ou até mesmo aos da nação propriamente. Pelo cinema, se pretendia produzir o nacional e construir uma imagem cinematográfica do Brasil[157]. Mas, antes, era necessária a nacionalização do cinema, já que, conforme matéria publicada na *Cinearte*, "muitos dos filmes que importamos do estrangeiro, a bom peso de ouro, não colaboram de maneira satisfatória na educação de nossa infância e de nossa juventude"[158]. A campanha de nacionalização do cinema encontrava adeptos entre

---

156 "Cinema educativo", *Cinearte*, Rio de Janeiro: 20 jun. 1932, v. 7, n. 308, p. 3.

157 Sheila Schvarzman, *Humberto Mauro e as imagens do Brasil*, São Paulo: Unesp, 2004a, p. 34.

158 "Um dos problemas que está exigindo do governo um estudo atento", *Cinearte*, Rio de Janeiro: 15 jan. 1938, v. 13, n. 479, p. 7.

os educadores da Associação Brasileira de Educação, sendo naquele momento mais uma questão que unia cineastas e educadores.

O cinema precisava ser nacionalizado e controlado principalmente porque, como diversão das massas de cultura incerta e fáceis de serem conduzidas, poderia despertar determinados conflitos ausentes na sociedade brasileira. Não era possível educar as crianças com imagens estrangeiras nem tampouco com filmes falados em outras línguas: "Fala-se o inglês, francês, alemão, italiano. No idioma de Camões só as legendas. Nacionalizando o cinema, devemos começar pela linguagem, o que vale dizer começar pelo começo"[159]. Para a *Cinearte*, pelos filmes que eram exibidos nas salas de projeção, conhecia-se mais as terras estrangeiras do que as diversas circunscrições políticas em que se dividia o país, e somente com a produção de filmes nacionais os brasileiros conheceriam de fato o território nacional.

Com a chegada do cinema sonoro, nos anos de 1920, várias polêmicas surgiram em torno do contato do público com as línguas estrangeiras. A Academia Brasileira de Letras (ABL), por exemplo, chegou a se pronunciar contra o cinema falado em inglês. Essa polêmica aponta para a missão que o cinema deveria desempenhar no território nacional, assim como o telégrafo havia iniciado no interior do Brasil, ou seja, a de criar uma "linguagem nacional", uma padronização de textos e de imagens, contribuindo para uma normatização da comunicação pelo território brasileiro por meio de uma linguagem comum. Sendo assim, vários projetos do início do século XX, como a expansão do telégrafo pela Comissão Rondon, articularam-se com outros projetos e experiências, "como o rádio, a renovação das escolas, o investimento em cinema e as tentativas de reformulação da língua portuguesa"[160], já que caminharam na mesma direção.

Comparado aos outros meios de comunicação, o cinema, nas páginas da *Cinearte*, justificava-se como veículo de educação por

---

159 *Ibidem.*

160 Laura Antunes Maciel, *A nação por um fio: caminhos, práticas e imagens da "Comissão Rondon"*, op. cit., p. 73.

sua maior capacidade de abrangência e entretenimento. Ele aparecia como mais poderoso que os livros, pois grande parte da população era analfabeta e não tinha acesso à cultura letrada; e era mais convincente que o rádio, já que podia proporcionar também a educação do olhar e tinha a capacidade de educar de forma "simpática":

> Basta considerar o lado tão simpático do filme instrutivo, do filme educativo que nós precisamos disseminar por todo o Brasil para combater o analfabetismo, a falta de higiene, para ensinar os processos modernos de agricultura, para arrancar as populações sertanejas da ignorância, das endemias, do cangaço, do fanatismo, do atraso, da miséria, pondo-as em condições de lutar contra todos esses fatores que as deprimem[161].

Que o cinema era um meio eficaz de instruir, educar e civilizar a população brasileira está bastante claro nas páginas da *Cinearte*. No entanto, o que ainda estava sendo definido era como essas ações deveriam ser feitas. Daí as controvérsias em torno do posado e do natural e a série de artigos que insistiam em dizer quais as imagens que deveriam ser retratadas. De que forma o Brasil deveria ser documentado? Qual Brasil deveria ser mostrado?

Museus, comissões, revistas e cinema

No início do século XX, a capital federal experimentou novos estímulos advindos das novas formas de espetáculo e de lazer. "O cinema, assim como a fotografia ou outros processos de comunicação simultânea, aguçou o consumo em larga escala do espetáculo visual, por meio da democratização do acesso, que passou

---

161 "Agora, que parece, vai o governo encarar...", *Cinearte*, Rio de Janeiro: 2 dez. 1931, v. 6, n. 301, p. 3.

a operar com todas as suas forças dentro de um espaço urbano renovado"[162].

Nas escolas, a imagem estava presente desde o final do século XIX como parte dos recursos pedagógicos utilizados; as aulas eram auxiliadas pelas lanternas mágicas, com a projeção de desenhos nas paredes, "gradativamente suplantadas pelo cinema dos anos [19]20 (passando então a ser consideradas o cinema do pobre), mas definitivamente aposentadas apenas nos anos [19]50, com a popularização dos diapositivos"[163].

As imagens aconteciam por toda a parte: nas ilustrações das revistas, nas exposições e nos acervos dos museus, nas conferências científicas, nas escolas e na publicidade. Como coloca Sandberg, desde o final do século XIX, o desenvolvimento das novas tecnologias de reprodução propiciou uma maior circulação de imagens produzidas em massa e a invenção de novos dispositivos de produção e reprodução da imagem[164]. Com a criação de novas formas institucionalizadas de ver, como os museus, as exposições, a publicidade e o próprio cinema, surgiu uma clientela ansiosa por uma cultura visual. As novas tecnologias e instituições criaram hábitos de ver múltiplos, que se alimentavam mutuamente e educavam a sociedade para a nova cultura de intensa circulação de imagens. O cinema era uma das atrações visuais possibilitadas pelas várias técnicas de reprodução da imagem que surgiram a partir do final do século XIX e que "começaram a cultivar o hábito da recepção em uma clientela regular ao fixar-se em um edifício permanente, desenvolver publicidade promocional, guias e programas consistentes e a estimular resenhas jornalísticas com regularidade"[165].

---

162 José Inácio de Melo Souza, *Imagens do passado: São Paulo e Rio de Janeiro nos primórdios do cinema*, São Paulo: Senac São Paulo, 2004, p. 17.

163 Cristina Bruzzo, "Filme 'Ensinante': o interesse pelo cinema educativo no Brasil", *Pro-Posições*, Campinas: jan.-abr. 2004, v. 15, n. 1, p. 4.

164 Mark B. Sandberg, "Efígie e narrativa: examinando o museu do folclore do século XIX", em: Leo Charney e Vanessa R. Schwartz, *O cinema e a invenção da vida moderna*, São Paulo: Cosac Naify, 2004.

165 *Ibidem*, p. 364.

Nesse contexto de grande circulação de imagens, poderíamos inserir a própria revista *Cinearte*, que exibia um número grande de fotografias do cinema nacional e internacional, principalmente do cinema norte-americano, divulgando uma estética que se consolidaria como sinônimo de cinema; muitas dessas imagens eram dispostas aleatoriamente entre os artigos, e podíamos ter uma matéria sobre o cinema brasileiro ilustrada com a fotografia de uma cena hollywoodiana. As imagens educavam para uma forma de fazer cinema e, sobretudo, educavam o público da época, que só reconhecia como o "bom" cinema aquele modelo divulgado nas revistas especializadas: estas "articulavam as instituições do visível interpretando as atrações visuais em direções aceitáveis para os espectadores da burguesia" e, assim, passaram a ser companheiras constantes do público[166].

Embora a *Cinearte* pregasse a formação do cinema brasileiro, de uma indústria cinematográfica nacional, calcada na cultura do povo brasileiro, o modelo era essencialmente norte-americano. Havia a defesa pela nacionalização e modernização do cinema nacional, mas o moderno era identificado com os modelos norte-americanos: a cidade norte-americana como protótipo da civilização, as atrizes e os atores de lá como ícones da beleza, Hollywood como modelo de cinema, entre tantos outros exemplos. Segundo Ismail Xavier, "quando os líderes da campanha pelo cinema brasileiro procuram o que de cinematográfico pode ter o Brasil, estão justamente procurando as matérias-primas especificadas pelo modelo industrial conhecido", de modo que o cinema nacional tinha de encaixar-se num padrão hollywoodiano[167].

Sem dúvida, o modelo da indústria norte-americana estava presente, mas existia também uma tensão a respeito de qual Brasil deveria ser mostrado nas telas, principalmente nos filmes documentários, ou naturais: era o Brasil do sertão ou o Brasil urbano?

---

166 *Ibidem.*
167 Ismail Xavier, *Sétima arte, um culto moderno, op. cit.*, p. 192.

Um Brasil "real" ou um Brasil "cenário"? Representação documental ou representação ficcional?

O cinema educativo estava no meio dessa tensão entre um Brasil hollywoodiano, moderno, e um Brasil "real", que retratava o sertão, os indígenas e a natureza; estava entre o ideal da "fotogenia" e o discurso educativo e científico que imprimia um novo significado para as imagens cinematográficas. Ao mesmo tempo que se queria mostrar nas telas um Brasil "brasileiro", era preciso não ver este mesmo Brasil, pelo menos não sem o filtro do espetáculo ou da ciência.

Como parte do processo de modernização da sociedade brasileira, o cinema educativo pode ser inserido em um contexto de uma série de fenômenos correlatos que elegeram a imagem como agente desencadeador de transformações sociais e culturais, de consumo e de estímulo. Como observaremos aqui, a imagem já havia participado de outros projetos no Brasil desde o início do século XX, como a Comissão Rondon e o Museu Nacional; o Instituto Nacional de Cinema Educativo foi mais um processo de institucionalização que defendia a utilização de imagens, no caso, o uso do cinema para a educação da sociedade brasileira. Do elo entre essas três propostas de uso da imagem no Brasil é que trataremos a seguir, a partir da atuação de Roquette-Pinto, que participou ativamente dos três momentos.

"Vou poucas vezes ao cinema"[168]. Assim começa um texto de Roquette-Pinto, de 1938, cujo título é "A evolução do cinema". Paradoxalmente, o texto fala de seu entusiasmo pelo cinema, mas não de qualquer cinema. Primeiro, ele discorre sobre os infortúnios do cinema "silencioso", comprometido principalmente por músicos exaustos, morrendo de calor, sem um mínimo de afinação e de compasso. Sobre o cinema falado, repete: "vou poucas vezes ao cinema". Seu maior problema agora eram as legendas, que segundo ele são pleonásticas, irritantes, perseguidoras. E conclui:

---

168 Edgar Roquette-Pinto, "A evolução do cinema", *Revista do Brasil*, São Paulo: jul. 1938a, ano I, n. 2.

Conta com esse imenso prazer espiritual, que alguns artistas da elite condensaram em uma fita! Que ingenuidade! O cinema não é arte. É negócio... também? Sim, também... ou principalmente. Nada de preparar o povo para ver e ouvir *Romeu e Julieta* sem legendas. Isso seria bom se o cinema fosse um colégio. Ora, estou convencido de que o cinema deve ser um dos esteios dos colégios[169].

O entusiasmo de Roquette-Pinto era pelo cinema educativo. E o que era cinema educativo para ele? 1) Era um meio de educar a população brasileira que estava isolada pelos sertões; 2) era um meio de educar o trabalhador nacional; 3) era uma forma de educar o próprio educador, que precisava também de uma nova orientação; 4) correspondia a uma nova concepção de educação, menos livresca e mais "prática"; 5) era uma forma de registro das culturas indígenas e sertanejas, podendo auxiliar na pesquisa e no conhecimento da realidade brasileira; e 6) poderia servir a um ideal (prezado por Roquette-Pinto) de divulgação da ciência para a sociedade.

O cinema foi eleito por Roquette-Pinto como um veículo de educação, assim como já tinha sido feito com o rádio. A educação para Roquette-Pinto era a ação mais eficaz em direção a um processo civilizatório do interior do país. As mudanças sociais rumo ao progresso seriam alcançadas com projetos educacionais, já que para ele a diferenciação entre os povos se dava não na esfera do corpo, da raça, mas na da cultura, e diminuir as diferenças era algo possível pela educação, entendida como a "internalização de práticas sociais, morais e éticas"[170].

O cinema também participava desse projeto educativo quando utilizado para registrar as culturas consideradas por Roquette--Pinto "puras" e intocadas pela civilização, como os indígenas que ainda habitavam o sertão do Brasil no início do século XX.

---

169 *Ibidem*, p. 74.
170 Sheila Schvarzman, *Humberto Mauro e as imagens do Brasil, op. cit.*, p. 99.

Estudar esses povos significava coletar dados sobre a origem do homem brasileiro e encontrar os possíveis obstáculos à modernização do país. Modernizar o interior era um ideal propagado desde a expedição Rondon, da qual Roquette-Pinto fizera parte, em 1912, para estudar os indígenas Paresí e Nambikwara. Como integrante dessa comissão, "observou a língua, os hábitos, os vários instrumentos, os falares e cantares [...]. Guardou esses materiais, assim como aqueles que Rondon vinha recolhendo de suas expedições, e transformou-os em peças de estudo e exposição do Museu Nacional"[171].

Com populações dispersas pelo território nacional, segregadas da civilização, o cinema cumpriria aquilo que o marechal Cândido Mariano da Silva Rondon (1865-1958) já havia iniciado: o processo de integração nacional via meios de comunicação. No final do século XIX, o governo brasileiro iniciou uma política de povoamento e de ocupação que abrangia uma vasta região: do Mato Grosso ao Amazonas. O objetivo era colonizar a região com população não indígena, construir estradas, educar os indígenas e instalar meios de comunicação que ligassem o interior ao litoral. Em 1900, Rondon, então jovem oficial do Exército, tornou-se o chefe da Comissão de Linhas Telegráficas do Estado do Mato Grosso e, em 1907, comandou a Comissão de Instalação das Linhas Telegráficas do Mato Grosso ao Amazonas, concluída em 1915. Ele utilizava os meios de comunicação de duas formas: instalação das linhas telegráficas pelo interior do Brasil e divulgação da comissão através de filmes, fotografias e artigos na imprensa. A expansão do telégrafo se articulava com os projetos contemporâneos que elegiam como propulsores da modernização no Brasil os inventos técnicos vinculados à comunicação (como o rádio e o cinema).

As expedições de Rondon contavam com o serviço de fotógrafos e cinegrafistas, o mais conhecido deles, Luiz Thomaz Reis, documentou os indígenas e, com conhecimentos sofisticados na

---

171 *Ibidem*, p. 100.

Cena do filme documentário *Ao redor do Brasil*, de Luiz Thomaz Reis, de 1932. Acervo Cinemateca Brasileira.

área, foi responsável pela Secção de Cinematographia e Photographia da comissão, criada em 1912.

Nas fotografias da comissão tiradas por Thomaz Reis, podemos encontrar representações de caráter positivista: indígenas segurando a bandeira nacional, a figura feminina como símbolo da nação, entre outras; tais imagens eram utilizadas como forma de divulgar as ações da comissão para o Exército e o governo brasileiro, como também para a população em geral. A comissão produziu diversos documentários, entre eles: *Rituaes e festas bororo*, de 1917; *Ao redor do Brasil: aspectos do interior das fronteiras brasileiras*, de 1932; e *Romuro, selvas do Xingu*, de 1924. *Rituaes e festas bororo*, na época intitulado *Da Santa Cruz*, foi considerado pela imprensa do período o melhor filme da comissão; ele era composto de três temas diferentes: "os costumes dos índios bororos na colônia de São Lourenço, em Mato Grosso, a filmagem de caçadas de onça no Pantanal mato-grossense e o registro dos 'Saltos Iguaçu'"[172]. As imagens foram recolhidas entre 1916 e 1917, e o filme foi montado em 1917 e exibido no Brasil em 1920. Em 1927, a *Cinearte*, em uma matéria em defesa do cinema educativo, dá

---

172 Laura Antunes Maciel, *A nação por um fio: caminhos, práticas e imagens da "Comissão Rondon"*, op. cit., p. 260.

como exemplo dos benefícios do cinema à educação o filme *Da Santa Cruz*[173].

Em cidades como o Rio de Janeiro e São Paulo, esse tipo de imagem era exibido em apresentações públicas, seguidas de conferências e artigos na imprensa; os filmes satisfaziam uma elite urbana sedenta por imagens e informações sobre o sertão brasileiro[174]. Tais registros cinematográficos criaram uma forma de ver os indígenas e o Brasil e de se relacionar com a própria imagem cinematográfica. A imprensa da época especializada em cinema costumava fazer críticas aos filmes da Comissão Rondon pelas imagens que apresentava do Brasil: da natureza, de selvagens, de animais. Entretanto, quando os filmes do major Reis eram exibidos no Rio de Janeiro, "o público acotovelava-se para entrar nas salas de exibição. O documentário esteve em cartaz em cerca de oito cinemas por vários dias e foi visto por até 20 mil pessoas"[175].

Em 1928, a *Cinearte* publica uma matéria a respeito da exibição, no Rio de Janeiro, dos filmes da Comissão Rondon.

> Parece incrível como a companhia Brasil Cinematographica ainda exibe mais um filme do gênero de "Nos Sertões do Brasil" como se não bastassem as estopadas do "Brasil Potência Militar" e aquela outra do Mato Grosso que ia fechando o capitólio. Oh má hora que o general Rondon se lembrou de chamar a atenção de nossos índios, por intermédio do cinema. Uma vez, estava bem. "Nas terras de Santa Cruz" foi o primeiro. Tinha material realmente curioso, e era, pode-se dizer, um filme-relatório que em vez de ser exibido aos interessados e depois arquivado na Biblioteca Cinematográfica que devíamos possuir, e não trazê-lo às vistas do público[176].

---

173 "Na Alemanha...", *Cinearte*, Rio de Janeiro: 14 dez. 1927, v. 2, n. 94, p. 3.

174 Fernando de Tacca, *A imagética da Comissão Rondon*, Campinas: Papirus, 2001.

175 Todd A. Diacon, *Rondon: o marechal da floresta*, São Paulo: Companhia das Letras, 2006, p. 188.

176 "O que se exibe no Rio", *Cinearte*, Rio de Janeiro: 1º fev. 1928, v. 3, n. 101, p. 28.

O autor da matéria continua fazendo críticas à fotografia "defeituosa", às cenas inúteis de urubus, garças, jacarés. Para o autor, as cenas são batidas, pois já se conhece o "Brasil desconhecido": "todo o homem que apanha uma máquina vai dar um passeio ao sertão, às vezes mesmo ao Jardim da Aclimação em São Paulo [...] e lá vem com um filme colosso do 'Brasil que não conhecemos' etc., etc."[177]. A irritação presente na matéria demonstra que era grande o número de filmes documentários que mostravam o interior do Brasil ou a natureza brasileira e que eram exibidos pelas cidades do país. A *Cinearte* criticava esses filmes por apresentarem um Brasil selvagem e que fugia de um modelo dominante veiculado pelo filme norte-americano, o qual apresentava o que era o moderno: cidades, carros, indústrias.

Em 1932, a revista publica uma nova matéria a respeito da exibição dos filmes da Comissão Rondon, segundo a qual os filmes foram recebidos com críticas por parte do público por apresentarem o Brasil com imagens de indígenas, como mais um desses filmes "naturais" que retratam a África e a Ásia; desta vez, porém, a revista refuta as críticas que estavam sendo feitas pelo valor documental do filme, integrante da filmoteca documental do Museu Nacional, e elogia a obra por apresentar o sertão desconhecido, assim como o trabalho de Thomaz Reis, apresentado como um abalizado profissional, distinto oficial do exército e um dos maiores perlustradores do sertão desconhecido. Comenta, ademais, os sacrifícios pelos quais o cinegrafista tinha de passar para conseguir alguns metros de filme, metros estes que adquirem importância por mostrarem "curiosíssimos aspectos de nossas selvas, dos nossos íncolas, dos nossos produtos naturais, dos tipos, usos e costumes de uma vasta parcela do *hinterland* brasílico, é obra meritória e só digna de louvor"[178].

Outra matéria de 1932, na coluna "Cinema brasileiro", exalta os filmes do major Thomaz Reis, mas destaca que eram filmes que

---

177 *Ibidem.*
178 "Cinema brasileiro", *Cinearte, op. cit.*

Imagem de autoria do cinegrafista Luiz Thomaz Reis, 1916.
Acervo Cinemateca Brasileira.

serviam à pesquisa, para uso interno, e não para serem exibidos como espetáculo ao grande público[179].

Durante a viagem de Roquette-Pinto pelo interior do Brasil, com a Comissão Rondon, ele gravou os cantos dos nativos e filmou e fotografou os habitantes. Todo o material coletado foi entregue ao Museu Nacional e serviu também de subsídio para o seu livro *Rondônia*, que se tornou referência para quem quisesse conhecer o Brasil. Em 1937, Roquette-Pinto se tornaria o responsável pela institucionalização do cinema educativo no Brasil ao assumir a direção do Ince no governo Vargas. Como havia sido professor e posteriormente diretor do Museu Nacional, ele fazia o vínculo entre três instituições que utilizaram o recurso da imagem com fins pedagógicos e que instituíram a imagem como uma forma de ver o Brasil: a Comissão Rondon, o Museu Nacional e o Instituto Nacional de Cinema Educativo.

As imagens da Comissão Rondon, como já mencionamos, foram incorporadas ao acervo do Museu Nacional, que, em 1912,

---

[179] "Foi publicado o primeiro relatório dos trabalhos da Comissão de Censura Cinematográfica", *Cinearte*, Rio de Janeiro: 12 out. 1932, v. 7, n. 346, p. 5.

abrigou os primeiros filmes de indígenas feitos no Brasil, trazidos por Roquette-Pinto. O Museu Nacional inaugurara sua filmoteca em 1910, com um acervo de imagens que podiam ser utilizadas para a educação escolar, e eram apresentadas em diapositivos, gravuras ou filmes. Estes filmes podiam ser projetados em conferências ou em cursos para as escolas públicas e foram descritos por Paulo Roquette-Pinto da seguinte forma: "Falava-se e mostrava-se. Foram cerca de 200 o número total de alunos inscritos nos diferentes cursos. Foram passados 832 diapositivos, 70 filmes, e feitas 60 experiências"[180].

Uma tabela reproduzida pela *Cinearte*[181] permite verificar em números a exibição dessas imagens, projetadas pelo Serviço de Assistência ao Ensino do Museu Nacional. Entre os anos de 1927 e 1931, foram exibidos no museu 170 filmes educativos. A divisão do Museu Nacional intitulada História Natural (Serviço de Assistência ao Ensino), criada por Roquette-Pinto, era voltada exclusivamente para a educação. Entre os filmes citados pela *Cinearte* que faziam parte da filmoteca do Museu Nacional, estão os de ciências naturais, como *Acarinos*; *Mitose de uma célula*; *Hydra Viva*; além de outros, como *Em pleno coração do Brasil*; *Sertões do Mato Grosso*; *Marajó*; *Rio Cuminá, Secção Cinematográfica da Comissão Rondon, seis atos, sendo o 5 e o 6 sobre o rio Negro*; *Missão Citroen, Travessia da África, Filme em 9 partes, oferecido ao Museu Nacional pelo General Spire, chefe da Missão Francesa, setembro de 1929*. Segundo Jonathas Serrano e Francisco Venâncio Filho, autores do livro *Cinema e educação*, de 1930, a filmoteca contava com uma opulenta coleção de diapositivos, muitos filmes nacionais e a coleção completa da Pathé-Enseignement, que poderia ser utilizada por qualquer professor[182].

---

180 Roquette-Pinto *apud* João Baptista Cintra Ribas, *O Brasil é dos brasilianos*, *op. cit.*, p. 111.

181 "Um cinema de fins educativos no Museu Nacional", *Cinearte*, Rio de Janeiro: 30 mar. 1932, v. 7, n. 318, p. 38.

182 Edgar Roquette-Pinto, *Rondônia*, São Paulo: Editora Nacional; Brasília: INL, 1975, p. 4.

Imagem do cinegrafista Luiz Thomaz Reis, 1916.
Acervo Cinemateca Brasileira.

Essa valorização da imagem como parte dos arquivos documentais e como forma de divulgação do conhecimento produzido pelos pesquisadores do Museu Nacional corresponde à tendência presente no século XX, principalmente no discurso antropológico, de utilizar a imagem como evidência visual da existência de outros povos e de uma diversidade cultural. "Neste sentido, o cinema deu prosseguimento ao projeto dos museus de reunir objetos arqueológicos, etnográficos, botânicos e zoológicos tridimensionais na metrópole"[183].

Segundo Schwarcz, desde o final do século XIX, os museus procuraram discutir o homem brasileiro. "Partindo da flora e da fauna para chegar ao homem, ao recolher, analisar, classificar, hierarquizar e expor"[184], os museus pretenderam trazer a ciência para os meios intelectuais nacionais. Segundo a historiadora, o Museu Nacional,

---

[183] Ella Shohat e Robert Stam, *Crítica da imagem eurocêntrica*, São Paulo: Cosac Naify, 2006, p. 152.

[184] Lilia Moritz Schwarcz, *O espetáculo das raças: cientistas, instituições e questão racial no Brasil 1870-1930*, São Paulo: Companhia das Letras, 1993, p. 91.

a partir dos anos 1920, aglutinou uma vanguarda intelectual, "que, ainda de forma frágil, se opunha frontalmente ao racismo científico"[185]. Este era o caso de Roquette-Pinto, para quem o problema brasileiro era uma questão de higiene, e não de raça.

No Ince, Roquette-Pinto continuou a desenvolver atividades de educação e de divulgação de conhecimentos científicos. O órgão representou o desfecho de um processo de institucionalização da imagem, no caso, o uso do cinema documentário, como recurso de educação das massas, processo que se inicia com o fim da "era dos museus", monumentos de um modelo científico tradicional. Esse novo modelo esteve presente nos museus através de novas técnicas de exposição, pelo uso da imagem e pelos espetáculos proporcionados pelos panoramas, que surgiram na Europa no final do século XVIII e eram caracterizados como pinturas de grandes dimensões. No Brasil, no final do século XIX, foi exibida a obra de Victor Meirelles sobre o Rio de Janeiro, que havia sido concluída em 1888. Segundo Morettin, para apreciar a pintura panorama, "o espectador ficava no centro, observando a pintura cilíndrica e podendo contemplá-la a 360 graus. Para tanto, construíam-se enormes rotundas, cobrando-se ingressos"[186]. Com esse novo meio de representação, a relação com o público se modificava, pois este tornava-se um público de massa, a ser educado civicamente com imagens da história nacional exibidas espetacularmente. O panorama *A Descoberta do Brasil*, também de Victor Meirelles, exibido em 1900 na capital federal, foi visto em apenas um dia por 1.159 pessoas[187].

O cinema contribuiu também para a elaboração de novas formas de exibição da história nacional. O cinema educativo não deixa de ser parte de um projeto de utilização de imagens,

---

185 *Ibidem*, p. 96.

186 Eduardo Victorio Morettin, "Produção e formas de circulação do tema do descobrimento do Brasil: uma análise de seu percurso e do filme 'Descobrimento do Brasil' (1937), de Humberto Mauro", *Revista Brasileira de História*, São Paulo: 2000, v. 20, n. 39, p. 153.

187 Flora Süssekind, *As revistas do ano e a invenção do Rio de Janeiro*, Rio de Janeiro: Nova Fronteira; Fundação Casa de Rui Barbosa, 1986, p. 71.

exposições e ações educativas que já estava sendo gestado, desde o início de século XX, em instituições como o Museu Nacional. Como herdeiro dessa proposta, o cinema educativo é visto por seus primeiros formuladores como o registro de culturas passadas ou isoladas da civilização. A câmera passa a ser utilizada como instrumento de exploração de novos territórios e de diferentes povos; a tela passa a ser um novo espaço de exibição de descobertas científicas e de imagens exóticas. Como afirmam Stam e Shohat, "enquanto produto tanto da ciência quanto da cultura de massa, o cinema associou o conhecimento científico adquirido em viagens aos espetáculos itinerantes, propagando uma visão do próprio mundo como uma exposição"[188].

Um dos primeiros projetos incorporados ao Instituto Nacional de Cinema Educativo foi o filme *O descobrimento do Brasil*, em 1936, que originalmente era um projeto do Instituto de Cacau da Bahia e fazia parte de um conjunto de cinco filmes sobre a história do cacau. O primeiro diretor do filme foi Luís de Barros, que iniciou as filmagens nos estúdios da Cinédia, em 1935; no ano seguinte, o filme passou a ser dirigido por Humberto Mauro, com música de Villa-Lobos e colaboração intelectual de Roquette-Pinto e de Afonso de Taunay, então diretor do Museu Paulista. Apesar de não ser um projeto original do Ince, a colaboração dos integrantes desse instituto foi intensa, o que justifica a menção do Ince nos créditos originais do filme[189]. *O descobrimento do Brasil*, a partir da reunião de documentos tradicionais da história do país, recontou a fundação da nação, narrativizando o que antes já havia sido exibido de outro modo pelos museus históricos, principalmente pela pintura histórica: "O filme recorre, como fonte de composição de seus planos e suas sequências, a diversas pinturas, sendo a *Primeira Missa no Brasil* (1861), de Victor Meirelles, a citação

---

188 Ella Shohat e Robert Stam, *Crítica da imagem eurocêntrica*, op. cit., p. 157.
189 Sheila Schvarzman, *Humberto Mauro e as imagens do Brasil*, op. cit.

Cartaz do filme *O descobrimento do Brasil*, de 1937, dirigido por Humberto Mauro. Acervo Cinemateca Brasileira.

mais clara"[190]. A dramatização, a trilha sonora e a montagem cinematográfica compõem uma nova forma de contar a história, que coincide com a ascensão do cinema narrativo como espetáculo de massa nas grandes cidades. Segundo Stam e Shohat, "o cinema, haja visto o seu papel – por excelência de contador de histórias da humanidade, adequou-se perfeitamente à função de retransmissor das narrativas das nações e dos impérios"[191].

A celebração da história nacional está presente até mesmo quando Roquette-Pinto relata os primórdios do Ince. Ele inicia as suas atividades ali em fins de março de 1936, com trabalhos de organização do instituto. A instalação do Ince se deu em 19 de março de 1936, data que Roquette-Pinto menciona como "aniversário do nascimento de José de Anchieta – o primeiro educador do

---

[190] Eduardo Victorio Morettin, "Produção e formas de circulação do tema do descobrimento do Brasil: uma análise de seu percurso e do filme 'Descobrimento do Brasil' (1937), de Humberto Mauro", *op. cit.*, p. 137.

[191] Ella Shohat e Robert Stam, *Crítica da imagem eurocêntrica*, *op. cit.*, p. 144.

Brasil"[192]. Em 26 de maio do mesmo ano, foram feitas demonstrações públicas dos primeiros filmes educativos editados pelo instituto, tendo como público professores e estudantes da capital federal[193]. Também foi exibido o primeiro filme popular nos cinemas do Rio de Janeiro a respeito do combate à raiva[194].

A mudança, em 7 de setembro de 1936, das instalações do Ince para outro endereço, na rua da Carioca, n. 45, coincide com outra data significativa. Segundo Roquette-Pinto, no mesmo dia, foi realizado o primeiro filme sonoro 16 mm, *Dia da Pátria*; para o diretor do Ince, a data era significativa porque as novas instalações do Ince tinham equipamentos que permitiam ao instituto fazer filmes sonoros de tamanho escolar, o que não era possível anteriormente, e isso possibilitava uma independência com relação à produção estrangeira. O Brasil podia agora produzir seus próprios filmes educativos, emancipando-se do mercado internacional de filmes.

No projeto que deu origem ao Ince, elaborado por Roquette--Pinto, justifica-se a sua criação pela necessidade de "orientação e controle" dos processos modernos de comunicação. São elencados os seguintes objetivos para o instituto:

> Orientar a utilização da cinematografia na obra da educação nacional; coordenar todos os elementos de informação relativos à utilização da cinematografia; incentivar a produção, circulação e exibição de filmes educativos e culturais; organizar um plano geral de educação popular por meio de projeções; entrar em entendimento com todos os serviços que se interessem pela cinematografia educativa; superintender o serviço de censura nacional cinematográfica[195].

---

192 FGV/CPDOC, *GC g 1935.00.00/2*, Arquivo Gustavo Capanema (GC), Documentos sobre o Instituto Nacional de Cinema Educativo (Ince), Rio de Janeiro, 1934 a 31 out. 1944.

193 Segundo Sheila Schvarzman, essa demonstração pública foi realizada durante o Mês do Cinema Brasileiro. Tal data foi instituída pelo Ministério da Educação, mas não teve continuidade nos anos seguintes (Sheila Schvarzman, *Humberto Mauro e as imagens do Brasil, op. cit.*).

194 FGV/CPDOC, *GC g 1935.00.00/2, op. cit.*

195 *Ibidem.*

Na imagem em que Humberto Mauro aparece na moviola, também é possível observar aspectos do prédio, das instalações e dos equipamentos do Ince (1936-1945). Arquivo Gustavo Capanema, Acervo CPDOC-FGV.

Dentro desses propósitos, o Ince produziu vários filmes documentários sob a direção de Humberto Mauro. Mauro era nascido em Cataguases, cidade mineira que abrigou diversas manifestações modernistas: o Grupo Verde, em 1927; obras arquitetônicas de Niemeyer na década de 1940; e, no cinema, o Ciclo de Cataguases, nos anos de 1920, do qual Mauro fez parte junto com o amigo Pedro Comello. Conforme nos conta Paulo Emílio Salles Gomes, desde jovem o cineasta interessou-se por eletricidade e mecânica; nos anos de 1920, trabalhou como eletricista, levando luz a várias fazendas da cidade, e, posteriormente, trabalhou numa oficina, onde aprendeu a lidar com motores[196]. A partir daí, dedicou-se à invenção de diversos aparelhos: sua primeira construção foi um rádio, que instalou em uma das casas de uma família abastada de Cataguases. Segundo Paulo Emílio, construir rádios e aperfeiçoar os aparelhos tornou-se durante algum tempo a ocupação principal de Humberto Mauro, que, entusiasmado pelas possibilidades que a nova tecnologia apresentava, chegou a tentar convencer o

---

[196] Paulo Emílio Salles Gomes, *Humberto Mauro, Cataguases, Cinearte*, op. cit.

secretário da Educação a instalar um sistema de comunicação entre Belo Horizonte, Juiz de Fora e outras cidades do interior mineiro.

Depois do rádio, veio o interesse pela fotografia. Foi no laboratório de Pedro Comello, em Cataguases mesmo, que ele aprendeu a lidar com a máquina fotográfica e com a técnica de revelação. Foi com Comello também que Mauro se iniciou no cinema, primeiro como espectador do Cine Recreio de sua cidade e logo após como amador, manuseando uma Pathé-Baby para filmar a ficção realizada por ele e Comello intitulada *Valadião, o Cratera*.

Como observa Paulo Emílio, a atração inicial pelo filme de não ficção, para grande parte dos educadores envolvidos na formulação do Ince, era pelo seu caráter arquivístico documental, como um registro de provas científicas, como amostras do real; era ainda o filme informativo ou educativo que poderia levar a ciência, ou, poderíamos dizer, a cultura oficial àqueles que não tinham acesso a esse saber. Como uma enciclopédia, o documentário apresentaria: "os povos da terra, vivendo e trabalhando, sofrendo e sorrindo, as plantas, e os bichos, os grandes tipos e as grandes nações. Até mesmo o processo de exalação do perfume das flores é fácil, hoje, documentar, no filme"[197]. "Quadros vivos", os documentários, ao filmarem determinados aspectos da natureza, pareceriam mais vivos até do que ela própria, pelos efeitos que as alterações de velocidade e os deslocamentos da câmera proporcionavam.

Essa valorização do cinema pelas suas possibilidades de arquivar imagens da natureza e dos homens, tornando-as em documentos, aparece também nas páginas da revista *Cinearte*. As imagens cinematográficas adquirem *status* de coleção, tal como as já existentes no Museu Nacional naquele período, servindo ao ensino e à pesquisa. E é o documentário que, desprovido das "falhas" do museu, focalizando as cenas "dignas" de serem conservadas neste, melhor prestaria esse tipo de serviço:

---

197 Edgar Roquette-Pinto, "Cinema Educativo. Conferência realizada no Instituto de Estudos Brasileiros, 27/7/1938". *Revista Estudos Brasileiros*. Separata. São Paulo: jul.-ago. 1938b, n. 1, p. 75.

[...] o grande valor do cinema como elemento de documentação está justamente na parte em que, estudando usos e costumes de uma época, fixa aspectos que servirão às gerações vindouras como à atual servem as inscrições epigráficas, as telas, as pinturas murais, as miniaturas, os códices manuscritos e tudo quanto nos ficou das eras que se foram[198].

O Instituto Nacional de Cinema Educativo, apesar dos vários anos em atividade – até 1966, quando foi incorporado ao Instituto Nacional de Cinema (INC) – e de sua numerosa produção de documentários, não teve uma ampla repercussão pública. Sua atuação ficou basicamente restrita aos estados do Rio de Janeiro, de Minas Gerais e São Paulo, apesar das investidas do instituto em ampliar a própria ação pelo território nacional[199]. Embora tenha sido pensado como um órgão de produção cinematográfica para a educação das massas, muitos de seus filmes não chegaram ao público. Alguns fatores podem explicar esse isolamento: 1) as dificuldades de distribuição e de circulação dos filmes produzidos, problema apontado com certa frequência nos documentos oficiais do Ince, nos quais há observações sobre a necessidade de criação de sedes regionais do instituto para facilitar a distribuição, mas essas sedes parecem nunca ter sido criadas; 2) as precárias instalações audiovisuais das escolas, que, na maioria das vezes, não possuíam projetores cinematográficos; e 3) a difícil aceitação da linguagem do cinema documentário pelo público escolar, já acostumado ao modelo do cinema ficcional norte-americano. Esse fato nos é sugerido pela seguinte declaração de Roquette-Pinto:

> Há pouco tempo disse-me uma professora que numa escola dos subúrbios, quando se quer castigar um aluno, a advertência que se lhe faz é esta: "Você aí, se continua assim, mando para o cinema da escola!" E o menino, apavorado, sossega logo [...].

---

198 "Muita gente não suporta filmes naturais", *Cinearte*, Rio de Janeiro: 22 jun. 1932, v. 7, n. 330, p. 3.

199 Sheila Schvarzman, *Humberto Mauro e as imagens do Brasil, op. cit.*, p. 227.

Aí está como se transformou o cinema educativo em instrumento de suplício. Daí, pois, a nossa preocupação constante de melhorar cada vez mais nossa produção, sobretudo essa que se encaminha às escolas[200].

Apesar das dificuldades, havia por parte do instituto uma preocupação com a distribuição dos filmes produzidos e ações no sentido de ampliar o leque de escolas que recebessem esse material. Enquanto não eram criadas as delegacias regionais previstas no estatuto, o Ince procurava estabelecer convênios para facilitar a distribuição dos filmes, e realizou um censo para saber da existência ou não de aparelhos cinematográficos nas escolas[201]. Um convênio foi tentado com a Distribuidora de Filmes Brasileiros, com sede no Rio de Janeiro e filial na cidade de São Paulo, que já era responsável pela distribuição dos complementos nacionais, que se tornaram obrigatórios a partir do Decreto n. 21.240/1932, e já distribuía os filmes do Ince e do Ministério da Agricultura. Em carta ao Ministério da Educação e Saúde Pública, a DFB oferece a distribuição de filmes pelas escolas do país, mas com a condição de cobrança de uma taxa aos estabelecimentos de ensino que quisessem utilizar os serviços do Ince, explicando a cobrança da seguinte forma: "tratando-se de uma distribuição trabalhosa, e entendendo que são custosos os serviços a serem organizados, justifica-se, plenamente, a criação da taxa acima aludida"[202]. No seu parecer enviado ao ministro Capanema a respeito da proposta da DFB, Roquette-Pinto considera vantajosa a possibilidade de haver uma distribuição feita pela empresa[203] e pede parecer do ministro para aceitação ou não de tal proposta de distribuição. Dado esse contexto, percebemos que o grande problema enfrentado pelo Ince foi a questão da distribuição, pela amplitude de um projeto

---

200 FGV/CPDOC, *GC g 1935.00.00/2, op. cit.*

201 *Ibidem.*

202 *Ibidem.*

203 *Ibidem.*

que procurava abarcar todas as escolas do território nacional num período em que as vias de comunicação entre os estados brasileiros ainda eram escassas.

Entretanto, também encontramos, entre aqueles estabelecimentos que conseguiam receber os filmes produzidos, menções positivas ao trabalho do Instituto. É o que mostra comunicado enviado ao ministro Capanema por um diretor do Patronato Agrícola Wenceslau Braz, um estabelecimento do interior de Minas Gerais, na cidade de Caxambu: ele agradece a remessa de um catálogo de filmes que serão fornecidos pelo Ince e manifesta "o contentamento geral causado entre docentes e discentes, quer do Patronato, quer dos outros estabelecimentos de ensino da cidade, pela aquisição de tão importante meios de educação"[204].

Outros estabelecimentos de ensino mandavam solicitações de compra de aparelho cinematográfico ao Ministério da Educação e Saúde, como é o caso de um pedido de 1944 de uma diretora de escola, que pede equipamentos à dona Maria Capanema:

> Permita-me que, como diretora de uma Escola Municipal situada em lugar longínquo e de difíceis comunicações com o centro, dando instrução a 300 crianças pobres, muitas delas filhas de convocados, dirija um pequeno pedido a Va. Exa., que, pela sua posição e pelos seus nobres sentimentos, muito se interessa pela instrução e educação das criancinhas da nossa Pátria querida.
>
> Sou diretora da Escola Municipal 11-13 no Marco Cinco da estrada Intendente Magalhães. O lugar é muito longínquo e de difícil acesso aos lugares adiantados.
>
> A nossa escola precisaria muito de um aparelho de cinema educativo, que nos auxiliasse na instrução e educação destas criancinhas, e que nos permitisse proporcionar-lhes alguma alegria nestes lugares longínquos e abandonados[205].

---

204 *Ibidem.*
205 *Ibidem.*

Exposição de armas usadas na Guerra do Paraguai e de cartazes do filme *Alma do Brasil*, no *hall* de um cinema em 1931. Arquivo Bertoldo Klinger, Acervo CPDOC-FGV.

Dadas as dificuldades em atingir os estabelecimentos de ensino em todo o território nacional, o Ince acabou ficando mais conhecido entre alguns círculos restritos, como o de cientistas que tinham suas pesquisas registradas pelas câmeras do instituto, e no próprio meio cinematográfico. De fato, o Ince tornou-se para o cinema nacional mais do que um órgão exclusivo de produção de filmes educativos para um público de massa: virou um centro de referência, um centro técnico e de pesquisa no setor, um local de empréstimo de equipamentos; e sua atividade intensa na produção de documentários teve grande importância no desenvolvimento do gênero no Brasil. Ou seja, além de um projeto de uso do cinema na educação, o Ince se transformou em um projeto de educação do próprio cinema nacional, especificamente do cinema documentário.

Indígenas, negros e jacarés: a domesticação do cinema nacional

A união do cinema com a educação servia, nas décadas de 1920 e 1930, aos propósitos de modernização da sociedade brasileira na ótica de uma elite que se colocou como vanguarda de um projeto de transformação social pela educação. Herschmann e Pereira analisam a participação de médicos, educadores, engenheiros e literatos na construção do ideário moderno que se institucionalizou a partir da década de 1930; segundo eles, são as formas de saber técnico-científico que formaram a base de um paradigma moderno no Brasil: a medicina (normatizando o corpo), a educação (conformando "as mentalidades") e a engenharia (organizando o espaço)[206]. Poderíamos acrescentar a esses saberes o cinema, que, aliado à educação, contribuiu para a produção de novas mentalidades e modelou formas de ver o Brasil moderno. Para os educadores, o moderno significava uma escola renovada, uma população letrada e um país civilizado; para o grupo do cinema, significava a produção de filmes, o desenvolvimento de uma indústria cinematográfica nacional e a formação de um público de cinema.

Para que o cinema nacional se desenvolvesse, era necessário educar o próprio cinema, que aqui ainda era feito de uma forma artesanal, com produções que escapavam ao modelo pretendido. Realizado "por imigrantes e/ou em centros afastados das grandes cidades, o cinema apresentava para as suas plateias imagens de difícil assimilação", não apenas por fragilidades técnicas, mas, sobretudo, pela exposição do "atrasado, do rural, do anti-higiênico"[207]. Cenas indesejáveis, roteiros pouco elaborados, filmagens dos poderosos locais, natureza em abundância, tudo isso não correspondia ao modelo de cinema narrativo que se queria ver no cinema nacional; essas imagens tampouco projetavam para o Brasil e para o exterior um país moderno, urbano e industrializado. Tal desajuste entre o trazido pela imagem e o desejado pela ciência

---

206 Micael M. Herschmann e Carlos Alberto Messeder Pereira, *A invenção do Brasil moderno: medicina, educação e engenharia nos anos de 1920-1930*, Rio de Janeiro: Rocco, 1994.

207 Eduardo Victorio Morettin, "Dimensões históricas do documentário brasileiro no período silencioso", *Revista Brasileira de História*, São Paulo: 2005, v. 25, n. 49, p. 131.

é acentuado pela comparação com o cinema norte-americano, modelo de cinematografia, eixo em torno do qual partem as referências do que deveria ser mostrado ou não[208].

Podemos estabelecer um paralelo entre esse contexto e o que já havia ocorrido na chamada era dos *nickelodeons*, entre 1906 e 1915, quando a indústria cinematográfica norte-americana se formara. Segundo Flávia Cesarino Costa, o período é caracterizado por um aumento do público de cinema, o surgimento de grandes empresas cinematográficas e a "gradual domesticação das formas de representação e exibição de filmes. [...] Os produtores e exibidores de filmes se organizam industrialmente e passam a tentar moralizar o cinema e criar formas de autocensura e autorregulamentação"[209]. Ao analisar a bibliografia que examina a transição nos Estados Unidos do primeiro cinema para o cinema narrativo, ela nos mostra aspectos semelhantes ao contexto das propostas de introdução da temática da educação no cinema brasileiro entre os anos de 1920 e 1930, ou seja: adequação do cinema a um público de classe média; moralização temática dos filmes; e homogeneização nas formas de representação. Segundo a autora, nesse processo de domesticação, "o cinema é trazido para dentro das famílias (passando de marginal a doméstico) e para dentro da vida social civilizada e controlada pelas elites (passando de selvagem a domado). Nesse trajeto, sofre mudanças decisivas em suas formas de representação"[210].

A produção de filmes educativos contribuía de diversas formas para a domesticação da produção cinematográfica e para a formação de uma indústria de cinema no Brasil: 1) via educação das massas, formava-se um público de cinema; 2) o discurso moralista dos educadores combinava com uma proposta de domesticação do cinema via moralização dos filmes, trazendo para o cinema

---

208 *Ibidem.*

209 Flávia Cesarino Costa, *O primeiro cinema: espetáculo, narração, domesticação*, Rio de Janeiro: Azougue, 2005, p. 59.

210 *Ibidem*, p. 212.

nacional também o público de classe média e a elite letrada; e 3) essa produção específica contribuía para a educação do próprio cinema, adequando temas e formas de representação ao modelo pretendido.

Com a criação do Instituto Nacional de Cinema Educativo, esse processo de "domesticação" se institucionaliza com relação, principalmente, aos filmes documentários. Um exemplo do desejo de formatar a produção aparece nas sugestões que foram dadas para a criação da *Revista do Cinema Educativo*, elaboradas em 1937 por Vinicius de Moraes (1913-1980), então membro da Comissão de Censura Cinematográfica, instituída em 1934. Moraes foi integrante do grupo do Chaplin Club, que editara *O Fan* entre 1928 e 1930. Entre outras recomendações do autor, citamos:

> Deve pois a *Revista de Cinema Educativo* ter entre os seus problemas imediatos a possibilidade de exercer uma influência eficaz sobre a orientação artística das nossas futuras produções cinematográficas. Pela força das circunstâncias achamo-nos ainda, nesse terreno, numa situação de absoluto começo e não temos em consequência nenhuma orientação já fixada. Os erros ainda são facilmente corrigíveis, os bons caminhos facilmente indicáveis ou contornáveis. Uma revista que aponte aos nossos produtores e ao público, com honestidade e inteligência, os melhores e os mais sadios princípios da arte cinematográfica (possibilidades do cinema como arte nova), estudando para eles os mais importantes problemas de técnica, no sentido restrito e no sentido lato do termo (técnica cinematográfica e teoria do cinema), poderá ser do mais alto interesse e de grande função educativa para a nacionalidade em formação[211].

As sugestões dadas por Vinicius de Moraes para a criação da revista podem ser estendidas ao próprio Ince, que funcionou

---

211 FGV/CPDOC, *GC g 1935.00.00/2, op. cit.*

também como um órgão de orientação da produção cinematográfica. Elas ainda revelam as controvérsias do período sobre o caráter do cinema como instrumento pedagógico ou como arte. Segundo Vinicius de Moraes, o aspecto de arte do cinema era incontestável e, mesmo não sendo diretamente educativo, o cinema como arte não perde a função cultural, equiparando-se ao teatro, às artes plásticas e à literatura. Ainda segundo as sugestões dadas por ele, precisava se dar a progressiva formação de um ambiente de interesse e de cultura cinematográfica.

Por meio das críticas que eram feitas aos filmes produzidos no Brasil, procurava-se orientar sobre o que, do ponto de vista da narrativa cinematográfica, era considerado o "bom" cinema e o "mau" cinema. Em 1927, a *Cinearte* transcreve uma declaração de Canuto Mendes de Almeida a respeito da situação do cinema nacional na qual podemos observar vários aspectos que estavam presentes nos homens de cinema na época[212]. Primeiro, a questão de que ainda não havia propriamente o cinema nacional, apesar de já existir muitas produções que eram realizadas no Rio de Janeiro e em São Paulo, as quais, porém, estavam descartadas daquilo que se imaginava para o cinema nacional. As fitas, nomeadas como "debochadas", atendiam ao gosto das classes populares ávidas por diversão e incitavam comportamentos "selvagens" numa multidão não educada. Sendo assim, o verdadeiro cinema, o cinema "civilizado", ainda estava por ser feito; a verdadeira indústria estava ainda por ser formada, e deveria ser realizada de forma que atendesse às exigências da arte cinematográfica, isto é, deveria ser saneada de cenas e temas imorais ou isenta de "realismos" que mostrassem a miséria e o "atraso" da sociedade brasileira.

Segundo Ismail Xavier, a *Cinearte* operava uma homogeneização que impunha uma fórmula única para o cinema nacional[213]. Hollywood era o padrão, era a forma de fazer cinema que deveria

---

212 "Na Alemanha...", *Cinearte, op. cit.*
213 Ismail Xavier, *Sétima arte, um culto moderno, op. cit.*

ser imitada. Nesse sentido, determinadas imagens deveriam sempre fazer parte do filme, como mulheres atraentes, higiene, saúde e ambientes modernos e luxuosos. Havia também uma forma de fazer cinema que era considerada universal, que correspondia à técnica correta de fotografar, fazer roteiro, interpretar.

Com o objetivo de ensinar a fazer cinema, a revista *Cinearte* criou uma seção dedicada especialmente aos amadores, intitulada "Cinema de amadores". Nela, eram dadas orientações a respeito dos equipamentos cinematográficos, de como elaborar um roteiro, da seleção de cenas, da posição de câmeras etc.; também servia como um espaço de troca de experiências entre os diversos cineastas amadores espalhados pelo Brasil, já que nela eram relatadas as experiências desenvolvidas por esses cineastas e, também, eram respondidas as cartas endereçadas à revista. Quem redigia essa seção era Sergio Barreto Filho, o mesmo que, a partir de 1932, viria a ser responsável pela seção "Cinema educativo", cujo objetivo era publicar experiências sobre o cinema educativo no Brasil e no mundo. É significativo que as duas seções fossem redigidas pela mesma pessoa, pois esse fato revela o quanto, do ponto de vista da revista *Cinearte*, o projeto de cinema educativo embutia o desejo de educação do próprio cinema.

Em 25 de fevereiro de 1931, Barreto Filho, na seção "Cinema de amadores", enumera as dificuldades que o cineasta amador tinha para fazer um filme "posado" e mostra os entraves para produzir um cenário, reunir artistas e elaborar um bom enredo. Orienta, então, os promissores cineastas a se aventurarem por outro tipo de filme, pois filmes de enredo eram para ser realizados pelas grandes empresas cinematográficas e por aqueles profissionais que tivessem perfeito domínio do cinema narrativo. Já para os amadores, o melhor era realizar o que hoje chamamos de cinema documentário, incluindo-se aí o filme educativo. Barreto continua a sua orientação indicando como fazer o filme de turismo e o filme educativo, aconselhando a respeito das vistas que deveriam ser filmadas, do estilo das roupas, dos títulos a serem elaborados e das continuidades entre as cenas. Por fim, sugere que os amadores façam filmes educativos a respeito de suas cidades, já que muitos habitavam cidades importantes do país: Porto Alegre, Rio de Janeiro, São Paulo, Belo Horizonte[214].

O filme educativo sugerido por Barreto confunde-se com o filme de turismo e só passa a ser educativo quando ele sugere a encenação de dois turistas falando sobre o que está sendo mostrado na tela, como se fosse uma conferência. Essa mistura entre os dois gêneros de filme pode nos revelar alguns aspectos presentes naquele momento: 1) as fronteiras entre os gêneros ainda estavam sendo definidas, não só entre os de enredo e os "naturais", mas também entre os diversos tipos de "documentários" que poderiam ser realizados; 2) o filme de turismo poderia ser considerado educativo na medida em que educasse para uma forma de ver o país e as cidades, isto é, em que selecionava as cenas de um Brasil moderno, que eram as imagens que se queria ver reproduzidas nas telas e no imaginário da sociedade brasileira; e 3) esse tipo de filme também educava o próprio cinema nacional, indicando a seus realizadores quais eram as "boas" cenas a serem filmadas e quais eram as "más" cenas a serem descartadas, constituindo assim uma domesticação na captura de imagens e em sua divulgação, padronizando as formas de representar o Brasil.

O controle na captura das imagens aparece igualmente na coibição às expedições estrangeiras que percorriam o sertão brasileiro e capturavam imagens de nossa natureza. As justificativas para tal controle são de duas ordens: 1) essas imagens eram divulgadas no exterior e apresentavam um país ainda selvagem; e 2) a prioridade deveria ser dos próprios brasileiros, já que se tratava de documentos exclusivos dos arquivos nacionais. Nesses termos, observamos a publicação da *Cinearte* de 19 de outubro de 1932 sobre a vinda ao Brasil de uma expedição "científica", que iria

---

214 Sergio Barreto Filho, "Cinema de amadores", *Cinearte*, Rio de Janeiro: 25 fev. 1931, v. 6, n. 261, p. 17.

percorrer o Amazonas e o Mato Grosso. Tal expedição confirmava a necessidade já apontada pela revista, em entrevista com o general Rondon, de policiamento dos sertões.

> Ora, uma expedição que vem de Los Angeles não é outra coisa senão uma expedição cinematográfica que virá fotografar os mesmos aspectos do "país desconhecido" que tem interessado aos anteriores expedicionários. É preciso que isso seja esclarecido, tanto mais que o governo está estudando as sugestões apresentadas pelo General Rondon para fechamento de nosso interior aos "cientistas" estrangeiros.
>
> E se existirem no Brasil rios ainda virgens à civilização, a exploração compete é a nós próprios e não aos estrangeiros. Da mesma forma que a filmagem de nosso *"hinterland"* deve ser uma coisa exclusivamente nossa, para documentos nacionais de nossos arquivos[215].

Um dos temas da *Cinearte* que podem ser incorporados no projeto de domesticação do cinema nacional é a conhecida polêmica, presente na revista, a respeito do filme natural ou filme posado. Essa polêmica já foi retratada por Paulo Emílio Salles Gomes, que nos apresentou as respectivas opiniões de Mário Behring, mais simpático aos naturais, e de Adhemar Gonzaga, aos posados[216]. Quanto aos naturais, que chamaríamos hoje de documentários, há várias modalidades diferenciadas nas páginas da *Cinearte*: filmes de turismo, filmes de propaganda, filmes instrutivos, filmes educativos, filmes de cavação, filmes científicos etc. Para todos eles, com exceção dos de "cavação", há a indicação de que podem servir à educação popular. Até mesmo os de enredo serviriam a esse propósito, afinal, conforme afirmação feita na *Cinearte*, "o povo precisa rir, vamos aproveitar também o cinema para educá-lo"[217]. O próprio Roquette-Pinto foi um dos que defendeu a proposta do uso do filme de enredo para a educação.

---

215 "Cinema brasileiro", *Cinearte*, Rio de Janeiro: 19 out. 1932, v. 7, n. 346.

216 Paulo Emílio Salles Gomes, *Humberto Mauro, Cataguases, Cinearte, op. cit.*

217 "Lemos no *Jornal do Brasil*", *Cinearte*, Rio de Janeiro: 1º dez. 1933, v. 8, n. 380, p. 5.

A defesa do natural e do posado, mais do que uma divergência de opiniões entre os editores da revista, relaciona-se às tentativas de padronização do cinema nacional, de domesticação dessa produção e de seleção das imagens que deveriam ser documentadas. Pode nos mostrar, ademais, que havia uma tentativa de demarcar as fronteiras entre diferentes gêneros cinematográficos e, principalmente, de definir o que viria a se configurar como o filme documentário, de modo que poderíamos dizer que houve também uma tentativa de domesticar o que era chamado de filme natural. As declarações da *Cinearte* a respeito desses filmes são exemplificadas pela citação abaixo:

> O *Brasil Pitoresco*[218], filme em oito partes sobre uma viagem de Cornélio Pires, de São Paulo a Pernambuco, está passando no sul. Diz o começo do filme que o interesse é mostrar somente coisas típicas do nosso Brasil.
> Então apresentam indígenas, cangaceiros, negros em danças exóticas e tudo quanto possa desprestigiar, além de pedaços de jornais com paradas, o Haigan encalhado e outras coisas "típicas" do Brasil.
> A fita é da "Films Paulista", tomem nota para no dia em que a virem anunciada passarem bem longe[219].

Na interpretação de Ismail Xavier, essas declarações da revista sobre o filme natural correspondiam a um ideal do "bom" cinema como um "ato de purificação de nossa realidade, através da seleção daquilo que merece ser projetado na tela: o nosso progresso, as obras de engenharia moderna, nossos brancos bonitos, nossa natureza"[220]. Sendo assim, o "bom" cinema deveria descartar os docu-

---

218 Cornélio Pires era um jornalista paulista nascido na cidade de Tietê. Dedicou-se a várias atividades na cultura popular e na música caipira. *Brasil Pitoresco* foi realizado em 1925, em uma de suas viagens pelo Brasil, já que viajava pelo interior recolhendo aspectos da cultura nacional. A Cinemateca Brasileira, no projeto Resgate do Cinema Silencioso Brasileiro, recuperou parte desse filme, que pode ser visto em: https://archive.org/details/ViagensDeCornlioPires1925 (acesso em: 4 jan. 2022).

219 "Cinema brasileiro", *Cinearte*, op. cit.

220 Ismail Xavier, *Sétima arte, um culto moderno*, *op. cit.*, p. 182.

mentários, já que neles não havia um controle das imagens que eram capturadas e veiculadas. Há, de fato, várias declarações na *Cinearte* que rejeitam o filme natural, uma delas redigida em 1929 e assinada por M. O., correspondente da *Cinearte*, que comenta as observações redigidas por J. Canuto, do *Diário da Noite*, a respeito de um filme da Ita Film sobre os inventos de Santos Dumont. O autor de um dos principais livros sobre cinema e educação, Joaquim Mendes Canuto de Almeida, fizera comentários acerca da técnica empregada no filme, a qual considerava de 1900, e criticara os letreiros intermináveis e horríveis. O autor da matéria aproveita a crítica de Canuto para tecer as próprias opiniões quanto aos filmes naturais:

> Cinema brasileiro, para mim, não é fazer filmes sobre sertões com lindas aves e feras e nem invenções de indivíduos célebres. Cinema brasileiro, para mim, é mostrar o que tem a nossa pátria de bonito, de útil, de agradável e interessante, mas de uma forma bonita, boa, útil, agradável e interessante. Ou melhor, de uma forma mais clara. Cada parcela de entusiasmo a incutir no espírito do nosso patriotismo incubado, dentro de um enredo bonito. Assim, contando, de forma interessante e fotogênica, uma história banal, da vida, infiltrar, ao mesmo tempo, nas personagens dessa história, o "que" de patriotismo, de incentivo nacional para que o brasileiro vibre e se entusiasme diante da beleza da sua terra. Os filmes de enredo, "É PROVADO", são os únicos que conseguem seu verdadeiro fim...[221]

Opiniões como essa faziam parte das seções da *Cinearte*, e a rejeição aos "naturais", por apresentarem um Brasil "selvagem", com suas florestas, jacarés, indígenas e negros, já foi intensamente analisada, como mostram os trabalhos de Paulo Emílio Salles Gomes e Ismail Xavier. As grandes produtoras dessas imagens do interior – as expedições científicas – eram criticadas tanto

---

221 *Cinearte*, Rio de Janeiro: 6 fev. 1929, v. 4, n. 154, p. 30-31.

por apresentarem apenas o Brasil dos indígenas, em vez do Brasil do progresso, da civilização, das indústrias e do Rio de Janeiro, quanto por trazerem fotógrafos e cinegrafistas que registravam imagens sem nenhum controle, isto é, que podiam registrar o que quisessem e veiculá-lo livremente. Eram descritos como "ladrões de imagens", que precisavam ser controlados porque apresentavam de forma inadequada o Brasil, mas também porque roubavam belas vistas que poderiam ser registradas pelo cinema nacional. Tratava-se de um caso de controle de circulação de imagens.

> Contra esses filmes que nos apresentam sob um aspecto tão degradante, devemos reagir com energia. O Brasil tem um dos principais lugares no mapa do mercado estrangeiro e tem direito pelo menos, pelo dinheiro que envia para os Estados Unidos, a ser tratado de outra forma.
>
> [...]
>
> É por isso que temos estado a clamar pelo nosso Cinema, e se ainda não o temos estabilizado, tem sido, em grande parte, culpa de estrangeiros cavadores, brasileiros sem caráter e alguns idiotas que defendem os filmes naturais sobre o Amazonas e Mato Grosso etc.[222]

E ainda havia os filmes de cavação, malfeitos e que exibiam apenas autoridades nacionais. Com todas essas representações em circulação, existia uma preocupação com o que estava sendo projetado como "brasileiro"; era necessário definir um conteúdo nacional para os filmes, principalmente para o documentário natural.

Entretanto, tal postura não era consensual na *Cinearte*, que também oferecia artigos em defesa dos "filmes naturais", ou, pelo menos, uma orientação para que eles seguissem um modelo mais próximo do que a revista considerava o "bom" cinema:

---

222 "Mais filmes que apresentam erroneamente o Brasil", *Cinearte*, Rio de Janeiro: 21 mar. 1928, v. 3, n. 108, p. 4.

> O próprio filme natural, apesar de condenado por faltar-lhe, para prender o espectador, o encanto da ficção, seria no Brasil um ótimo divulgador dos nossos grandes trabalhos agrícolas, somente conhecidos em determinados trechos do país, do progresso material das cidades, das inúmeras belezas naturais, tão diferentes vias de comunicação, das riquezas do solo, da expansão do nosso aparelhamento industrial[223].

O autor continua a argumentação com exemplos de utilização dos filmes escolares, dos filmes de higiene e dos filmes históricos, estes com um "fio de enredo". O final dessa sequência são os "dramas de ficção", que, segundo o autor, retratariam nossa vida e nossos hábitos. A educação aí operava tanto na tentativa de "ensinar" a fazer filmes documentários como na introdução de temas educativos que enobreciam essa produção.

Naquele momento, o que estava sendo totalmente rejeitado não era o documentário, e sim um tipo de produção; de fato, o que se almejava era justamente um controle sobre esses filmes, que deveriam se ajustar a um padrão que correspondesse ao "bom" cinema em termos técnicos e, sobretudo, em termos das imagens que veiculavam. Em geral, utilizamos a expressão usada na época, *filme natural*, como sinônimo de *documentário*, porém o filme natural era um tipo de documentário que retratava as paisagens brasileiras e, embora a crítica maior recaísse sobre ele e sobre o documentário de cavação (que mostrava cenas de políticos locais), existiam outras modalidades, como o filme educativo, o jornal, o de turismo etc.

A crítica da *Cinearte* incide sobre os naturais por constituírem a produção predominante na época e serem, em geral, realizados de uma forma artesanal, fora do controle de "especialistas" e dos estúdios existentes. Barreto Filho, na sua seção "Cinema dos amadores", orientava sobre como fazer os filmes naturais de forma que prendessem a atenção do espectador, mostrassem nossas belezas e

---

223 Antonio Cicero, "A cinematografia nacional: necessidade de sua expansão – a propaganda pelo *film*", *Cinearte, op. cit.*, p. 38.

fossem instrutivos. Suas explicações demonstram bem o interesse em "formatar" os filmes naturais num modelo de cinema que atendesse aos interesses do grande público da indústria cinematográfica.

Como a lição deveria ser ensinada pelas cenas[224], o cuidado com as imagens veiculadas deveria ser então uma das principais preocupações dos filmes naturais, pois eram as imagens que criavam um imaginário sobre o Brasil, que contribuíam para uma padronização do olhar. Filmes que retratavam indígenas, jacarés e negros deveriam estar restritos a exibições particulares, aos interessados em estudá-los ou ao governo, que tinha a incumbência de civilizá-los e educá-los. Do ponto de vista da ciência e da educação, os filmes que retratavam a "realidade brasileira" ganhavam uma justificativa, mas não como espetáculo para o grande público. Esse Brasil dos indígenas, selvagem e primitivo, era, segundo a *Cinearte*, o Brasil que se deveria conhecer, mas não o que se desejava propagar. Por isso, tais temas deveriam ser reservados a filmes científicos ou educativos, vistos por um público reduzido.

A restrição aos filmes naturais por parte da *Cinearte* diminui no final da década de 1930, pois, aos poucos, conseguiu-se domesticar esse tipo de produção, que passou a ser realizada também pelos grandes estúdios, como a Cinédia, e também porque a década de 1930 adquiriu cada vez mais uma feição nacionalista, que bem poderia ser propagada por esses filmes.

Descobre-se um Brasil que poderia ser passado na tela para os brasileiros e para o exterior. Em 1936, a revista *Cinearte* elogia a iniciativa do embaixador francês, Louis Hermitte, de exibir em Paris filmes do Brasil. A lista de películas que foram veiculadas é composta de documentários que, segundo o autor da matéria, atendiam perfeitamente ao objetivo de fazer a propaganda do país no exterior. Entre os filmes escolhidos – provavelmente, pelo próprio embaixador, que assistira aos complementos nacionais nas salas de cinema –, estavam: *Preventoria Rainha Amélia*, da A. Botelho

---

224 *Cinearte*, Rio de Janeiro: 25 jun. 1930, v. 5, n. 226, p. 26-29.

Film; *As garças de Mato Grosso*, da Sertaneja Film; *Os peixes do Amazonas*, da Fan-Film; *O Museu do Ypiranga*", da Garnier Film; e *O Carnaval de 1935, A parada de 7 de Setembro, Visita a Ouro Preto* e *Jardim Botânico*, da Cinédia[225].

Nesse mesmo sentido, é interessante a seção "Cinema brasileiro" da *Cinearte* de 1938, que transcreve um artigo do *Jornal do Comércio de Recife* no qual o autor, fazendo uma reflexão sobre as imagens veiculadas pelos documentários, fala em uma mudança nas imagens retratadas nos filmes, que passaram de filmes que documentavam a exuberância da natureza brasileira a filmes que mostravam também o trabalho dos homens nessas terras. O cinema, com os complementos nacionais que eram exibidos nas salas de projeção, parecia estar proporcionando o conhecimento de um outro país, de um Brasil mais "verdadeiro", um conhecimento de fato dos brasileiros, pelo registro dos usos e do trabalho: "O documentário que se tem oferecido, de modo simples, aos olhos de toda a população, é um elemento de valor incomparável para conhecimento, até pelos analfabetos, de nossos usos e trabalhos"[226].

O cinema, que havia encoberto a realidade do homem brasileiro com imagens de uma natureza exuberante, que encobria todo o esforço humano em domesticar tal natureza, esse mesmo cinema agora removia o véu e colocava em primeiro plano a civilização. O filme natural passa a ser o documentário e ganha nova importância como meio de conhecer e de mostrar as imagens de um Brasil "civilizado" em oposição às imagens do Brasil selvagem dos filmes naturais do passado.

Cinema educativo: o modelo norte-americano

Em 1927, a *Cinearte* publicou uma matéria intitulada "O cinema e a infância", na qual há a defesa do uso do cinema na educação das

---

225 *Cinearte*, Rio de Janeiro, 1º maio 1936, v. 11, n. 438, p. 7.
226 "Cinema brasileiro", *Cinearte*, Rio de Janeiro: 1º jul. 1938, v. 13, n. 490, p. 8.

crianças. O grande exemplo mencionado para esse tipo de utilização das imagens cinematográficas são os Estados Unidos. A revista transcreve as palavras de Roberto Rosenvald, da Fox-Film, sobre a experiência dessa empresa na produção de filmes de enredo para crianças, como também de filmes educativos[227]. Em 1928, a revista *Educação*, que foi editada entre os anos de 1927 e 1930 pela Diretoria Geral da Instrução Pública, publica um artigo de Head Kilpatrick, da Universidade de Columbia e discípulo de John Dewey, a respeito da escola pública nos Estados Unidos.

Kilpatrick faz uma série de críticas ao sistema de ensino norte--americano e ressalta a necessidade de renovação das práticas pedagógicas. Segundo ele, nos tempos modernos, a ciência e a indústria se combinaram para criar a "grande sociedade", complexa, em crescente urbanização. O surgimento de novas necessidades, a difusão dos meios de comunicação de massa e o domínio do discurso científico diminuíram o poder de instituições tradicionais. Sendo assim, a sociedade necessita da escola para preparar os jovens, o que, em sua opinião, não podia mais ser feito pela família, pela igreja ou pela comunidade[228].

No mesmo número da revista *Educação*, há um artigo de Jeronymo Monteiro Filho, que, ainda em 1928, realizou uma conferência na Associação Brasileira de Educação, em que trata da influência dos meios de comunicação de massa na educação. O autor afirma a necessidade do uso desses meios para o desenvolvimento material do país e para a formação mental das nações[229].

Essas citações demonstram que a experiência norte-americana com a educação e com o uso dos meios de comunicação de massa, em especial o cinema, serviu como referência para se pensar a mesma questão no Brasil. Por um lado, a escola era apontada

---

227 "O cinema e a infância", *Cinearte*, Rio de Janeiro: 4 maio 1927, v. 2, n. 62, p. c4.

228 William Head Kilpatrick, "A escola pública nos Estados Unidos", *Educação*, Rio de Janeiro: jul. 1928, v. 4, p. 31.

229 Jeronymo Monteiro Filho, "Os meios modernos de comunicação: sua influência sobre a educação e organização nacional", *Educação*, Rio de Janeiro: jul. 1928, v. 4.

como a instituição social primordial de formação do cidadão na sociedade moderna – uma escola centrada não na erudição dos "livros", e sim na prática cotidiana da vida em comunidade. Os meios de comunicação de massa teriam um papel central em trazer a comunidade para perto da escola; o cinema, por exemplo, poderia mostrar a cidade, o cotidiano, a natureza e representar as relações sociais que se estabelecem nesses locais. Por outro lado, a escola, com o auxílio dos meios de comunicação, poderia "disseminar uma educação média generalizada, criar uma opinião pública, forte, repassada de uniforme sentimento patriótico, empreendendo a assimilação das densas massas imigratórias – mil estrangeiros recebidos diariamente em suas terras" –, exercendo assim um papel fundamental na formação de uma nação composta de imigrantes, integrando-os e assimilando-os; um modelo que servia ao Brasil[230].

Em dezembro de 1936, designado pelo governo brasileiro, Roquette-Pinto fez uma viagem à Europa para estabelecer contatos com os institutos de cinema educativo[231]. Em relatório, ele refere a organização do cinema educativo na França, Alemanha e Itália especialmente quanto à composição do quadro de funcionários, material utilizado, instalações e circulação dos filmes desses institutos. Nas mesmas anotações, são feitas algumas comparações com a produção norte-americana de filmes educativos, demonstrando que havia um contato com esta produção e um interesse por parte dele; nas palavras de Roquette-Pinto: "É certo que na França, na Itália e na Alemanha não existe, nem de longe, o entusiasmo que os norte-americanos manifestam pelo filme sonoro educativo de 16 mm". Ele continua as observações a respeito da produção norte-americana dizendo que, no Brasil, os técnicos vinculados ao Ince preferiram seguir o que é feito pelos norte-americanos em termos da não utilização de legendas e da inserção do som no cinema

---

230 *Ibidem*, p. 217.
231 Segundo Schvarzman, Roquette-Pinto iria nesta viagem participar de um congresso científico e, por sugestão de Gustavo Capanema, foi conhecer o cinema educativo europeu (Sheila Schvarzman, *Humberto Mauro e as imagens do Brasil, op. cit.*).

educativo. O relatório prossegue de modo a acentuar a necessidade de estabelecer contato com os institutos estrangeiros e conclui que o Ince não copiou nenhum desses modelos: "Procurei outras soluções práticas correspondentes às condições do Brasil, sem desprezar a referência dos precursores"[232].

Em outro relatório, datado de 11 de julho de 1942 e endereçado ao ministro da Educação e Saúde, Roquette-Pinto afirma que o Ince "representa no Brasil o órgão central do que os norte-americanos denominam VISUAL EDUCATION – atualmente um dos mais cuidados setores da educação", e continua com a citação dos outros países que também praticavam atividades nesse setor: Alemanha (Reichsstelle für den Unterrichtsfilm), Inglaterra (British Film Institute), Itália (Instituto Luce) e França (Musée Pedagogique)[233].

Como já apontamos no capítulo anterior, o vínculo entre os educadores da Escola Nova e os Estados Unidos foi amplo, e abrangeu visitas a esse país com o objetivo de conhecer seu sistema educacional, inclusive em universidades como a Universidade de Columbia, em Nova York. Também foi grande a influência do filósofo John Dewey, professor de Columbia, entre os educadores da Escola Nova.

Para Dewey, a comunicação tinha um papel fundamental na vida em sociedade, "no ato de compartilhar a vida em comunidade. 'Tudo o que pode ser denominado comunidade em sentido fecundo – declara Dewey – deve possuir valores apreciados em comum. Sem eles, o chamado grupo social – a classe, o povo, a nação – tende a dividir-se em moléculas cuja união é puramente mecânica'"[234]. Dewey escreveu a respeito da influência dos meios de comunicação

---

232 FGV/CPDOC, *GC g 1935.00.00/2, op. cit.* A este respeito, Sheila Schvarzman faz o seguinte comentário: "Finalizando o seu relatório de viagem, o diretor do Ince reconhece a contribuição de cada uma das instituições que visitou, mas enfatiza a independência do instituto brasileiro, que não 'copiava servilmente' nenhum desses modelos, deixando clara sua vocação educativa e contrária à propaganda" (Sheila Schvarzman, *Humberto Mauro e as imagens do Brasil, op. cit.*, p. 205).

233 FGV/CPDOC, *GC g 1935.00.00/2, op. cit.*

234 John Dewey, *Freedom and Culture*, p. 12, *apud* Maria Nazaré de C. Pacheco Amaral, *Dewey: filosofia e experiência democrática*, São Paulo: Perspectiva, 1990, p. 68.

de massa na sociedade moderna, inclusive o cinema, e do papel desses meios na construção de uma sociedade democrática. Segundo Anna Siomopoulos, muitos intelectuais norte-americanos elaboraram, entre os anos de 1920 e 1930, um discurso ético sobre o papel da cultura de massa, especialmente o cinema, na modernização da sociedade norte-americana[235]; Siomopoulos comenta, entre as ideias desses intelectuais, as de John Dewey sobre a cultura de massa e o papel desta como agente de mudança social; Dewey abordou os efeitos da racionalidade tecnológica e da produção de massa nas instituições sociais e na participação dos cidadãos. Embora tenha reconhecido as dificuldades da cultura de massa em contribuir para um processo de mudança social dado o seu atrelamento à produção capitalista, acreditou que ela poderia contribuir para a construção de uma política social-democrata, pela promoção do diálogo público sobre os problemas da sociedade moderna. Ele esperava que a sociedade norte-americana pudesse utilizar o cinema, por exemplo, para promover o debate democrático em torno de questões relativas à vida em sociedade.

Dewey fazia uma crítica intensa aos meios de comunicação de massa como o rádio e o cinema, que, para ele, criavam um consenso superficial, padronizavam hábitos e enfraqueciam as virtudes cívicas. Considerava que a tecnologia tinha invadido e parcialmente desintegrado as pequenas comunidades, sem gerar uma "Grande Comunidade", referindo-se a uma democracia participativa. O obstáculo que impedia a cultura de massa de enriquecer a vida coletiva era o fato de ser controlada por interesses privados; afastados esses interesses, os meios de comunicação poderiam ser auxiliares na formação da Grande Comunidade, contribuindo para uma maior democracia na vida pública.

Ele salientava que a necessidade de as pessoas participarem de uma experiência comum, de fazerem parte de uma comunidade,

---

235 Anna Siomopoulos, "Entertaining Ethics: Technology, Mass Culture and American Intellectuals of the 1930s", *Film History*, Teaneck: 1999, v. 11, n. 1.

era o que podia explicar a atração delas pelo cinema. A sala de projeção seria um exemplo de estimulação artificial da vida coletiva; o grupo ali reunido em torno de um mesmo objetivo poderia preencher o vazio causado pela perda dos vínculos pessoais, os quais seriam próprios de uma vida mais comunitária. Segundo Dewey, a cultura de massa propiciava o contato entre pensamentos e desejos de diferentes classes, fundando novas identidades sociais e uma sociedade mais democrática.

Para Siomopoulos, os escritos de Dewey sobre a cultura de massa, apesar de não terem sido direcionados para o desenvolvimento dos filmes documentários da década de 1930, influenciaram algumas produções nos Estados Unidos[236]. Pode-se encontrar na produção documentarista norte-americana a presença de seus postulados, como nos filmes da Works Progress Administration (WPA)[237], entre outros grupos documentaristas, como a Filme and Photo League[238] e a Nykino and Frontier Films[239].

Para além das considerações feitas por Dewey a respeito dos meios de comunicação de massa, é interessante observar que a Universidade de Columbia, local de formação de Anísio Teixeira, por

---

236 *Ibidem*.

237 Programa governamental criado em 1935, nos Estados Unidos, como parte das ações que receberam o nome de *New Deal*. O então presidente norte-americano, Franklin Delano Roosevelt, desenvolveu uma série de programas com o objetivo de minimizar os efeitos da Grande Depressão. Foram realizadas obras públicas que ocuparam os milhares de desempregados pela grave crise econômica. Também foram formuladas ações na área da educação e da cultura, entre elas a produção documentarista.

238 Movimento norte-americano da década de 1930 financiado pela Internacional Comunista, que tinha por objetivo prover a imprensa de esquerda de fotografias e imagens cinematográficas das greves e dos protestos políticos que ocorriam pelo mundo. Difundia também as obras soviéticas e produzia os jornais da tela. Posteriormente, a partir de 1936, redirecionou as suas atividades para documentar o cotidiano e o modo de vida das classes trabalhadoras.

239 O projeto Nykino foi fundado em 1935 por Willard Van Dyke, e agregava um grupo de comunistas vindos da Photo League, tendo lançado o jornal da tela realista-socialista *World Today*. Com a falta de recursos financeiros, o projeto Nykino fundiu-se com a Frontier Films, empresa sem fins lucrativos que desenvolvia projetos militantes sobre a Guerra Civil Espanhola e sobre a China.

exemplo, teve uma ampla experiência com o cinema associado à educação. Conforme análise feita por Peter Decherney sobre os cursos dessa universidade voltados ao cinema entre os anos de 1915 e 1938, o sucesso comercial dos filmes nos Estados Unidos levou os educadores e políticos a pensarem no potencial do cinema para a educação de massa[240]. Numa sociedade composta de imigrantes, o cinema foi visto como um instrumento de integração desses diversos grupos à sociedade norte-americana. Decherney identifica uma conversão de interesses entre a indústria cinematográfica de Hollywood e a Universidade de Columbia, já que a indústria necessitava treinar artistas profissionais e formar roteiristas competentes para a produção de filmes. Havia também a convicção de que o filme educacional poderia ajudar na profissionalização e no controle da forma de fazer filmes.

A universidade passava por uma redefinição social de seu papel, por uma necessidade de adaptação ao crescimento da diversidade étnica dos estudantes e de renovação diante das novas formas de consumo cultural. A formação, entre os anos de 1914 e 1915, do curso de cinema da Columbia, o *Photoplay Composition*, coincidia com a consolidação de Hollywood e com os esforços desta indústria para expandir a sua audiência para a classe média. Os cursos da Columbia tornaram-se uma extensão da indústria de cinema, que, pela ênfase no roteiro, procurou redefinir os temas e trazer um novo público às salas de projeção. Ao mesmo tempo, as universidades norte-americanas experimentavam uma redefinição em que o conhecimento passava a ser concebido pela sua função social. Universidades como a Columbia transformaram os cursos superiores e adotaram o filme como recurso pedagógico na sala de aula. Na segunda metade da década de 1910, havia uma intensa demanda por filmes educacionais nas universidades estaduais norte-americanas, alimentada muitas vezes pela

---

240 Peter Decherney, "Inventing Film Study and Its Object at Columbia University, 1915-1938", *Film History*, Teaneck: 2000, v. 12, n. 4.

produção governamental de documentários realizada após a Primeira Guerra Mundial.

Numa matéria de 1929, a *Cinearte* comenta um artigo de uma revista norte-americana especializada em cinema, sem citar o título do periódico ou artigo original; apenas menciona que se trata de comentário a um artigo de Edward Mayer, então secretário norte-americano de educação, que, entre outras afirmações, diz "ter pessoalmente verificado em vários pontos que o exibidor local adquire prestígio e proveito exibindo lado a lado os filmes comuns ao lado dos educativos"[241].

Por esta transcrição da *Cinearte*, percebemos que o grupo do cinema nacional tinha conhecimento da experiência norte-americana com filmes educativos e também da prática de utilização do cinema nas universidades. É importante destacar que o autor da matéria considera interessante ressaltar o fato de o filme educativo não atrapalhar os negócios com o filme comercial – pelo contrário, os exibidores tirariam proveito da projeção de ambos. Ou seja, o cinema educativo funcionaria como fomento para a própria indústria cinematográfica, dando prestígio às salas de cinema.

Em 1931, Sergio Barreto Filho, em sua seção "Cinema de amadores", também menciona a experiência norte-americana com o cinema educativo e os benefícios que os amadores cinematográficos poderiam trazer à produção desse gênero, e transcreve sem citar a fonte um artigo sobre o cinema educativo nos Estados Unidos, em que há uma descrição do uso dos filmes educativos por professores daquele país[242].

Ainda com relação à experiência norte-americana, Decherney relata as mudanças sofridas a partir de 1920 no currículo dos cursos da Universidade de Columbia[243]; nesse período, os cursos

---

241 *Cinearte*, Rio de Janeiro: 20 fev. 1929, v. 4, n. 156, p. 3.

242 Sergio Barreto Filho, "Cinema de amadores", *Cinearte*, Rio de Janeiro: 8 abr. 1931, v. 6, n. 267, p. 26.

243 Peter Decherney, "Inventing Film Study and Its Object at Columbia University, 1915-1938", *op. cit.*

de cinema que focalizavam a confecção de roteiros foram rapidamente identificados como parte de um esforço para "civilizar" e "americanizar" o grande número de imigrantes espalhados pelas escolas do país. Os filmes foram considerados instrumentos de civilização da sociedade moderna, e o filme educacional, parte essencial na educação liberal. Em conformidade com as teorias de Dewey, pretendia-se formar um novo público de cinema, não aquele da sociedade de massa, mas um público capaz de constituir uma "opinião pública". Com relação ao cinema, a ideia era sentar-se numa cadeira confortável, absorver a luz e fazer parte de uma cidadania universal[244].

Além das viagens aos Estados Unidos, mantinha-se contato com as publicações norte-americanas que relatavam as experiências com os filmes educativos. Além disso, havia uma grande circulação, no Brasil, de filmes educativos produzidos nos Estados Unidos. Nos textos dos educadores da Escola Nova e nas páginas da *Cinearte*, há referências aos catálogos de filmes educativos disponíveis à época. Entre os que eram produzidos nos Estados Unidos, são citados aqueles realizados pela DeVry School Films Inc., que continha filmes sobre cidadania norte-americana, eletricidade, estadistas norte-americanos, estudos da natureza, geografia, guias de aptidão profissional e ciências[245] – a *Cinearte* cita um desses catálogos de filmes educativos da DeVry School, o qual continha 90 filmes, que vinham acompanhados da instrução para o professor. Nas diversas publicações, são citados também os catálogos da Eastman Teaching Films Inc. O professor Galaor N. de Araújo, por exemplo, em seu artigo "O cinema educativo", de 1931, comenta a existência desses filmes no Rio de Janeiro, salientando a competência dos professores norte-americanos na confecção dos filmes e que as diretrizes da produção deveriam ser imitadas por todos aqueles que quisessem ensinar pelo cinema;

---

244 *Ibidem*, p. 454.

245 Francisco Venâncio Filho e Jonathas Serrano, *Cinema e educação*, São Paulo: Melhoramentos, 1930.

ele transcreve um dos guias, com tradução em português, intitulado "Do pão ao trigo", composto de: 1) descrição geral; 2) conteúdo do filme; e 3) revisão. Nas páginas da *Cinearte*, a Eastman Teaching Films Inc. é citada como um modelo de experimentação no uso do cinema na educação e como tendo um dos melhores catálogos de filmes.

A *Cinearte* vivia um conflito com relação ao cinema norte-americano: ao mesmo tempo que os filmes deste, tanto os de enredo como os educativos, constituíam o seu exemplo, o seu protótipo do "bom" cinema, os Estados Unidos representavam o "mau" cinema, já que, muitas vezes, os filmes lá realizados eram violentos, continham cenas imorais e, principalmente, interferiam culturalmente no Brasil, introduzindo hábitos e valores que não eram os nossos. Entre os anos de 1920 e 1930, a frequência de reclamações da má influência dos filmes norte-americanos na sociedade brasileira era intensa; e é a essas declarações que Monteiro Lobato se dirige, ironicamente, em artigo transcrito pela *Cinearte* em 1926:

> Conheço um que não cessa de catonizar contra os Estados Unidos e sua nefasta influência sobre a sociedade brasileira. Isto aqui seria o paraíso terreal se não fora o "*Yankee*" com sua penetração irresistível. O país vai mal, a máquina administrativa não funciona, o povo não enriquece, não aprende a ler, não tem justiça, etc., etc., tudo graças a influência americana. Rolamos por um despenhadeiro porque o americano nos empurra.
>
> [...]
>
> Se a cidade funciona, isso se deve ao engenho do povo que lhe deu o presente máximo: a velocidade. A velocidade no transporte de carga, a velocidade no transporte de pensamento. É que lhe dá, com os maravilhosos espetáculos da arte muda, uma lição de moral que, se fora seguida, tiraria ao Rio o seu aspecto de açougue do crime passional. O cinema americano ensina o perdão.

Entretanto, cada vez que o nosso censor deblatera contra a influência americana, os basbaques, que têm preguiça de pensar, murmuram em coro: – É mesmo![246]

Enquanto saía em defesa do cinema norte-americano – a intenção por trás da publicação do artigo de Lobato –, a *Cinearte*, com a justificativa de impedir a má influência desse mesmo cinema, realizava uma campanha pela nacionalização da cinematografia, cujos primeiros resultados foram alcançados com a lei de obrigatoriedade do complemento nacional, como se vê pela opinião, por exemplo, de uma escritora da década de 1930 publicada no *Jornal do Brasil* e transcrita pela *Cinearte* em 1934:

> Uma das medidas mais fecundas em resultados práticos de conhecimento melhor da nossa terra foi certamente a que instituiu, na abertura de todo programa cinematográfico, a inclusão de uma produção de filmagem brasileira, sobre coisas e acontecimentos nacionais. O grande perigo do cinema exclusivamente estrangeiro residia precisamente nesta espécie de inoculação a jato contínuo de modas, costumes e ambientes, espírito, de outras terras, redundando, ao cabo de certo tempo, numa verdadeira desnacionalização sistematizada de gostos e de mentalidade[247].

Defendia-se a nacionalização das temáticas encenadas pelo cinema brasileiro, mas ainda dentro de uma estética essencialmente norte-americana, hollywoodiana, justificada pela excelência técnica da indústria cinematográfica dos Estados Unidos. O cinema norte-americano possuía então dois polos: um positivo, representado pela técnica cinematográfica; e um negativo, pelas suas possibilidades de "aculturação". A questão

---

246 *Cinearte*, Rio de Janeiro: 14 abr. 1926, v. 1, n. 7, p. 1. Transcrição do artigo "A influência americana", de Monteiro Lobato, publicado originalmente no jornal *A Manhã*.

247 "O *Nacional*, do Rio, publicou o artigo abaixo que julgamos oportuno transcrever", *Cinearte*, Rio de Janeiro: 1º nov. 1934, v. 9, n. 402, p. 6.

era: como controlar a circulação de representações do modo de vida do brasileiro diante da intensa presença do cinema norte-americano?

Para tentar respondê-la, estabelecemos um paralelo com a análise que Richard Abel faz a respeito da presença do cinema francês nos Estados Unidos no início do século XX[248]. Com a intensa circulação no mercado norte-americano dos filmes da Pathé Frères, que liderava mundialmente a industrialização do cinema, houve uma forte reação aos filmes franceses, vistos como depravados e inconvenientes, apesar de serem considerados tecnicamente bons. A aversão a eles significava, para Abel, "uma conjunção de preocupações sobre quem ia ao cinema e para ver o que e quem estava sendo construído como norte-americano". Era a construção de uma identidade norte-americana, numa sociedade formada por imigrantes, que tornava a influência francesa indesejável naquele momento. Ainda segundo Abel, para a consolidação desse processo de americanização da sociedade norte-americana, a educação passou a ser um componente vital, inclusive a que podia ser realizada pelos modernos meios de comunicação da cultura de massa.

Essas observações podem servir também, guardadas as especificidades contextuais, para a relação entre cinema e educação no Brasil. Na década de 1930, havia aqui o projeto de construção de uma nacionalidade, ou de um Brasil que sintetizasse as diferenças regionais, integrasse os imigrantes e diminuísse as diversidades étnicas; e o cinema foi conclamado a auxiliar nessa tarefa de divulgar o Brasil para os brasileiros, de fazer a propaganda de nós mesmos, compartilhando-se a crença dos norte-americanos nos benefícios da propaganda numa sociedade de massa. No entanto, a produção de filmes nacionais era muito pequena se comparada à grande circulação de filmes produzidos nos Estados Unidos; Venâncio e Serrano citam dados oficiais para ressaltar a

---

248 Richard Abel, "Os perigos da Pathé ou a americanização dos primórdios do cinema americano", em: Leo Charney e Vanessa R. Schwartz, *O cinema e a invenção da vida moderna*, São Paulo: Cosac Naify, 2004.

baixa produção nacional: segundo eles, em 1929, o total de filmes censurados foi de 1.477, dos quais 1.268 eram norte-americanos, 114 eram alemães, e apenas 38 eram brasileiros, seguidos de 29 franceses[249].

Parafraseando Abel: como, diante da intensa circulação de filmes norte-americanos, "abrasileirar" a sociedade brasileira? Era preciso aumentar a produção nacional, mas uma produção que fosse "domesticada" e, ao mesmo tempo, seguisse os parâmetros da indústria cinematográfica internacional em termos técnicos e temáticos. Para tanto, a união entre educadores e o cinema era conveniente: aos primeiros, incumbiu-se a missão de inserir na produção cinematográfica nacional o discurso da ciência, das artes, da literatura, da cultura nacional, bem como de preparar os jovens para se tornarem público do "bom" cinema; aos especialistas cinematográficos, a de transmitir os preceitos da técnica das imagens em movimento, os princípios da "fotogenia", os parâmetros da seleção de imagens. Sendo assim, o cinema educativo tinha dupla atribuição: educar a população brasileira pelas imagens e educar as imagens do cinema nacional.

---

249 Antonio Cicero, "A cinematografia nacional: necessidade de sua expansão – a propaganda pelo *film*", *Cinearte, op. cit.*

3

BREVES ANOTAÇÕES BIBLIOGRÁFICAS

No percurso da pesquisa que deu origem a este livro, a análise bibliográfica foi o ponto de partida da investigação sobre a relação entre cinema e educação nos anos 1920 e 1930. Optamos por deixar essas notas para o final, como um suporte para quem tiver interesse em se aprofundar mais no tema ou para pesquisadores que estejam investigando algum aspecto que envolva a relação entre cinema e educação.

Para a presente versão, fizemos uma atualização dos títulos mencionados, pois foram desenvolvidos após a escrita da tese que subsidia esta publicação; entretanto, não temos a pretensão de ter esgotado o conjunto de estudos já realizados sobre o tema. Assim, a bibliografia que apresentamos não representa a totalidade do que foi já escrito sobre o tema no Brasil, já que é bastante extensa a relação de pesquisas a respeito da produção audiovisual brasileira.

Nesse balanço bibliográfico estão principalmente as referências que nortearam a análise que apresentamos nos capítulos anteriores. A partir da leitura desses textos, definimos quatro eixos temáticos, nos quais agrupamos as análises sobre a relação entre cinema e educação nos anos 1920 e 1930: cinema e Estado Novo; história e crítica do cinema nacional; cinema e história; cinema e educação.

Esses temas apontaram algumas linhas de discussão sobre o cinema educativo no Brasil, embora as fronteiras entre eles sejam tênues e existam trabalhos que podem ser inseridos em mais de um eixo. A distribuição dos títulos em cada um dos temas gerais que indicamos teve o objetivo de organizar a análise a partir da ênfase temática que foi dada em cada uma das pesquisas.

Cinema e Estado Novo

Em muitas das referências bibliográficas sobre o cinema educativo, percebemos o seu vínculo com o Estado Novo, já que o Instituto Nacional de Cinema Educativo foi fundado em plena era Vargas, em 1937, e grande parte dessa produção foi marcada pelos ideais nacionalistas e centralizadores do período.

Na publicação organizada por Simon Schwartzman, Helena Maria Bomeny e Vanda Maria Ribeiro, que não tem o cinema como objeto específico de análise, mas que trata da atuação do ministro Gustavo Capanema na área de educação e cultura no período do governo Vargas, há referências ao cinema educativo e à formação do Instituto Nacional de Cinema Educativo. Os autores mostram que o que ocorria na área de educação e cultura naquele período fazia parte de um processo mais amplo de transformação do país, mas que não havia um projeto coeso nem uma ideologia uniforme. A ação educativa era vista por parte de vários grupos sociais como um instrumento de poder e, por isso, era intensamente disputada. A Escola Nova, por exemplo, enxergava a educação como um instrumento de neutralização das desigualdades sociais, e foi em nome desse ideal que seus representantes apoiaram algumas medidas de centralização do poder.

A análise destaca a importância que os meios de comunicação de massa adquiriram como instrumentos de mobilização popular e as disputas entre educadores e políticos pela utilização desses meios, entre eles o cinema. Destaca ainda a ambiguidade que se estabelecia entre um cinema educativo e formativo, tal como propunha a Escola Nova, e outro de caráter mobilizador e propagandístico, como era o caso da produção que veio a ser realizada pelo Departamento de Imprensa e Propaganda. Havia uma dificuldade conceitual e institucional em estabelecer a separação entre educação e mobilização político-social[250]. Embora nem sempre a presença dessas duas vertentes, educação e mobilização, seja lembrada na bibliografia sobre o cinema educativo, essa diferenciação nos permite perceber que o projeto de cinema educativo que se pretendia implementar no final dos anos 1920, liderado pelo grupo vinculado à Escola Nova, distinguia-se da utilização que o Estado Novo fez do cinema; e que, portanto, a associação direta entre cinema educativo e Estado Novo às vezes não é pertinente para entendermos a forma como o cinema foi pensado no contexto das propostas educacionais e políticas da Escola Nova.

A reflexão acerca da importância que o cinema teve nas estratégias políticas e coercitivas do governo Vargas, entre elas a utilização do cinema educativo, aparece também no trabalho de José Inácio de Melo e Souza intitulado *Ação e imaginação de uma ditadura: controle, coerção e propaganda política nos meios de comunicação durante o Estado Novo*, em que o autor analisa a atuação dos meios de comunicação na República Velha e após 1930[251]. Ele mostra como o Estado Novo se relacionou com os meios de comunicação, como essa relação se diferenciou da que se estabeleceu na República Velha e como havia uma disputa entre diferentes projetos ideológicos dentro do Estado sobre os destinos da propaganda.

A aproximação do cinema com a educação é tratada por Souza a partir dos anos 1920, quando o Estado passou a se preocupar com a moralidade dos espetáculos públicos. Várias medidas são tomadas, de censura a prescrições médicas, até se chegar à questão da educação como solução para enfrentar os filmes nocivos

---

250 Simon Schwartzman *et al.*, *Tempos de Capanema*, op. cit.

251 José Inácio de Melo e Souza, *Ação e imaginação de uma ditadura: controle, coerção e propaganda política nos meios de comunicação durante o Estado Novo*, Universidade de São Paulo, São Paulo, 1991.

a crianças e adolescentes. Segundo o autor, no final da década de 1920, o cinema estava firmemente manietado pelo Estado, sem que houvesse, no entanto, uma diretriz definida do que deveria ser apresentado para a sociedade. A maioria dos filmes assistidos vinha de Hollywood e, por isso, estava fora do controle do Estado brasileiro. Dessa forma, atrelar o cinema ao governo era uma maneira também de "direcionamento do olhar das câmaras"[252].

Podemos dizer que esse direcionamento do olhar das câmeras foi conduzido não apenas pelo Estado, mas por um conjunto de profissionais interessados em "formatar" a produção cinematográfica nacional, realizada até os anos 1920 de forma "artesanal" e sem um modelo definido. A união da educação com o cinema, fosse pelo discurso da moralização da produção cinematográfica ou pelas manifestações das exigências de se incluir o cinema nacional no âmbito da "verdadeira" arte cinematográfica, contribuiu para se estabelecer um controle das imagens captadas e veiculadas pelo cinema nacional.

Em relação ao grupo de educadores vinculados à Associação Brasileira de Educação que formularam algumas das ideias sobre o cinema educativo, Souza afirma ter sido, no período, o grupo que mais se interessou pelo cinema, com fim ora de repressão, ora de educação de massa; além disso, menciona a criação do Ince no contexto das disputas políticas que envolviam o Ministério da Educação no período Vargas e concentra seu estudo no Departamento de Imprensa e Propaganda, criado em 1939[253].

Em análise sobre as políticas institucionais do governo brasileiro com relação à produção cinematográfica nacional, Anita Simis mostra as várias ações em torno da implantação do cinema educativo no Brasil, destacando as ideias de Joaquim Canuto Mendes de Almeida, por considerar que, entre os defensores do cinema educativo, foram as dele que tiveram maior influência na

---

252 *Idem, Imagens do passado: São Paulo e Rio de Janeiro nos primórdios do cinema*, São Paulo: Senac São Paulo, 2004, p. 39.

253 *Ibidem.*

elaboração de uma política cinematográfica no governo Getúlio Vargas[254]. A autora aborda os usos sociais e políticos que foram imputados ao cinema, como a questão da propaganda, da integração nacional e da comunicação entre as regiões do território nacional. Entende também que, na década de 1930, o que ocorreu, diferentemente do que argumentam Simon Schwartzman, Helena Maria Bomeny e Vanda Maria Ribeiro, não foi uma dificuldade em separar o caráter educativo ou mobilizador do cinema, e sim uma disputa entre os ministérios da Educação e Saúde e da Justiça pela utilização do rádio e do cinema. Além disso, Simis nos mostra que todo o debate sobre a utilização do cinema como instrumento pedagógico já havia se iniciado na década de 1910, muito antes da implantação do Estado Novo, e recupera nomes como o de Rui Barbosa e de Venerando da Graça entre os que defenderam o cinema educativo em escritos publicados nos anos 1910.

Para Simis, o Estado Novo usurpou à sociedade as novidades que foram gestadas nos anos anteriores, como as reformas educacionais, as ideias de modernidade e os instrumentos de difusão cultural, como o cinema. Assim como Souza em *O estado contra os meios de comunicação (1889-1945)*, Simis destaca o Decreto n. 21.240/1932, assinado por Francisco Campos e Osvaldo Aranha, como um marco nas relações entre o Estado e a classe cinematográfica. A formulação do decreto foi consequência de uma comissão presidida por Francisco Campos, representante do Ministério da Educação, por educadores como Lourenço Filho e Jonathas Serrano e por representantes da classe cinematográfica (Adhemar Gonzaga e Mário Behring), cujo objetivo era analisar a questão do cinema nacional; entre as medidas determinadas pelo decreto, estava a federalização da censura, a inclusão de um filme educativo em cada programa das salas de exibição e a alteração das tarifas de importação[255].

---

254 Anita Simis, *Estado e cinema no Brasil*, São Paulo: Annablume, 1996.

255 José Inácio de Melo Souza, *O estado contra os meios de comunicação (1889-1945)*, op. cit.

Nos trabalhos tratados anteriormente, o cinema educativo é parte de uma temática maior, que é a relação entre Estado e cinema ou Estado e meios de comunicação de massa[256]. Ainda nessa linha, podemos citar a análise de Cláudio Aguiar Almeida, que se deterá sobre a utilização do cinema pelo Estado Novo tendo por fio condutor uma produção específica, o filme *Argila*, obra ficcional produzida em 1940 por Carmen Santos e dirigida por Humberto Mauro, que teve a participação de Edgar Roquette-Pinto no roteiro[257]. Nesse trabalho, há uma abordagem sobre o desenvolvimento do cinema nacional, a partir dos anos 1920, a qual insere a temática do cinema educativo na própria luta de cineastas da época pela formação de uma indústria cinematográfica nacional, o que justificaria a união entre cineastas e educadores. Aguiar aponta também para a presença das teorias eugênicas e positivistas de Roquette-Pinto no filme *Argila*. O trabalho de Aguiar nos chama a atenção para uma ênfase muito acentuada na influência que o cinema de propaganda alemão ou italiano teria tido na produção dos filmes educativos do período Vargas; segundo o autor, a propaganda realizada pelos "regimes de força" europeus interessou não somente ao Estado brasileiro, mas também aos cineastas do período, pelas vantagens que poderiam vir junto: "diversos cineastas ansiavam pelo aparecimento de um *Führer* brasileiro que, lançando mão de seus poderes totalitários, contribuísse para a consolidação da ansiada indústria cinematográfica nacional"[258].

Almeida analisa, ainda, a relação entre os produtores cinematográficos e o Estado em comparação aos sistemas oficiais de produção cinematográfica da Alemanha, Itália e URSS. Segundo o autor, a criação do Departamento de Imprensa e Propaganda, que produzia o cinejornal brasileiro, somada à produção do Ministério

---

256 Ver também Antonio Moreno, *Cinema brasileiro: história e relações com o Estado*, Niterói; Goiânia: Eduff; Cegraf; UFG, 1994.

257 Cláudio Aguiar Almeida, *O cinema como "agitador de almas"*: Argila, *uma cena do Estado Novo*, São Paulo: Annablume; Fapesp, 1999a.

258 *Ibidem*, p. 90.

da Agricultura e à do Ince, acirrou a disputa entre instituições oficiais e empresas privadas na produção de curtas-metragens para o cumprimento da lei de obrigatoriedade. Segundo o autor, as "produções oficiais prescindiram dos recursos de bilheteria para a sua sustentação, concorrendo deslealmente com as produtoras privadas que tinham o aluguel das fitas como sua fonte de renda"[259].

Entretanto, a união entre educação e cinema foi além da conquista das verbas governamentais para a produção cinematográfica nacional. Havia uma comunhão de interesses e de concepções em torno da necessidade da educação do povo brasileiro. Do ponto de vista do cinema, os propósitos dos educadores serviram também para educar o cinema e formar o público de cinema.

Ainda na perspectiva da relação entre cinema e educação durante o Estado Novo, Jorge Gomes de Cláudio Morais analisa em sua dissertação de mestrado a organização de um departamento cinematográfico em Pernambuco[260]. Segundo ele, esse órgão foi criado pelo interventor Agamenon Magalhães entre 1937 e 1945, a fim de trazer para Pernambuco o projeto pedagógico imagético do Estado Novo, com a produção de filmes propagandísticos. A partir da criação do Departamento Estadual de Imprensa e Propaganda daquele estado, fundou-se também a Divisão de Cinema, como órgão responsável pela propaganda moderna. Morais salienta que esse projeto estadonovista relacionado ao audiovisual foi estimulado pelo grande número de cinemas já existente em Pernambuco, e não só em Recife, mas também em cidades do interior.

A partir das relações que se estabeleceram entre o cinema educativo e o Estado Novo, parte da historiografia que fez referências à formação do Ince, em 1937, estabeleceu comparações com a trajetória da produção audiovisual na Itália, nesse mesmo período. Identificou-se no projeto do Ince características da propaganda

---

259 *Ibidem*, p. 127.
260 Jorge Gomes de Cláudio Morais, *O cinema educativo em Pernambuco durante a intervenção de Agamenon Magalhães (1937-1945)*, dissertação (mestrado em Educação) – UFPE, Recife: 2002.

oficial ou de coerção nos moldes do que foi realizado na Itália pelo Instituto de Cinematografia ou Instituto Luce, criado em 1924. A relação entre o cinema educativo brasileiro e o italiano foi analisada por Cristina Souza da Rosa, que realizou um estudo comparativo entre os dois institutos: o Ince do Estado Novo de Vargas e o Luce do fascismo de Mussolini[261]; segundo Rosa, o Luce tinha a missão de divulgar a cultura italiana e tornou-se exemplo de cinema educativo em todo o mundo. Para a autora, o Estado Novo, tanto quanto o fascismo italiano, tinha a necessidade de formular um novo homem, e esse papel foi atribuído ao cinema.

Há ainda análises que abordam a utilização do cinema como uma disputa entre os diversos grupos sociais atuantes no início do século XX, e não como uma proposta de caráter unicamente estatal. Um desses grupos era a Igreja católica, que, conforme a dissertação de Maria Lucia Morrone (na qual são analisadas as relações entre os setores educacionais, católicos e oficiais e o cinema), atuou no sentido de promover um cinema de acordo com os seus princípios[262]. Almeida também pesquisou a relação da Igreja católica com os meios de comunicação de massa, mas a partir da investigação da utilização que os grupos católicos ligados à Ordem Franciscana fizeram da imprensa e do cinema[263].

Outro grupo que tinha propostas de utilização do cinema para fins educativos – desde a década de 1910 – eram os anarquistas, para os quais o cinema deveria estar a serviço da educação do homem do povo numa perspectiva revolucionária de mudança

---

261 Cristina Souza da Rosa, *O cinema educativo através do pensamento de Mussolini e Vargas*, em: Simpósio Nacional de História, 23, 2005, Londrina, *Anais do XXIII Simpósio Nacional de História: história: guerra e paz*, Londrina: Anpuh, 2005, v. 1.

262 Maria Lúcia Morrone, *Cinema e educação: a participação da "imagem em movimento" nas diretrizes da educação nacional e nas práticas pedagógicas escolares*, dissertação (mestrado em História e Filosofia da Educação) – USP, São Paulo: 1997.

263 Cláudio Aguiar Almeida, *Meios de comunicação católicos na construção de uma ordem autoritária, 1907/1937*, tese (doutorado em História) – USP, São Paulo: 2002. Ver também: Maria de Lourdes Alcântara, *Cinema, quantos demônios: a relação da Igreja com o cinema*, tese (doutorado em Ciências Sociais) – PUC-SP, São Paulo: 1990.

social, transformando-se em arte revolucionária. O debate anarquista sobre os usos do cinema é objeto de estudo de Cristina Aparecida R. Figueira, que afirma que os anarquistas desenvolveram uma intensa reflexão sobre o tema em periódicos como *A Lanterna* (1901-1914) e *A Plebe* (1917-1921), fontes do estudo; o objetivo da autora foi entrecruzar o debate anarquista com os dos adeptos da Escola Nova[264]. A autora sugere que, entre os anarquistas, havia os que viam no cinema um símbolo do progresso, como algo em prol da causa revolucionária, e outros que o viam como uma prática perigosa. Mas, no geral, a maioria dos artigos da imprensa libertária por ela estudados via o cinema como uma nova força para a educação.

Outra pesquisa que trata da relação entre cinema e educação entre os anarquistas é a dissertação de mestrado de Daniel Righi, que recupera a experiência de cinema educativo proposta por João Penteado, educador paulistano. Segundo Righi, os anarquistas debatiam a necessidade de se apropriarem do cinema, como já haviam feito com a imprensa, as bibliotecas, o teatro e as escolas. Diante do avanço de seus inimigos – que, historicamente, eram a Igreja e o Estado –, os grupos anarquistas precisavam propor uma atuação do uso do cinema em prol de uma educação libertária. Ele aponta que na imprensa libertária brasileira existiam muitos exemplos da experiência francesa de educação e cinema, chamada de Cinema do Povo. A partir desses exemplos, os anarquistas brasileiros também procuraram criar algo semelhante no Brasil[265], propondo a utilização do cinema para propagar as ideias por eles defendidas.

---

264 Cristina Aparecida R. Figueira, *O cinema do povo*, dissertação (mestrado em Educação, História, Política e Sociedade) – PUC-SP, São Paulo: 2003.

265 Daniel Righi, *O cine educativo de João Penteado: iniciativa pedagógica de um anarquista*, dissertação (mestrado em Educação) – USP, São Paulo: 2011.

História e crítica do cinema nacional

Jean-Claude Bernardet, em *Historiografia clássica do cinema brasileiro*, faz uma análise de como foi contada a história do cinema nacional, principalmente nas obras de Alex Viany e Paulo Emílio Salles Gomes. Pela análise dos recortes e das temáticas estabelecidas por esses autores, Bernardet assinala a ausência da produção dos filmes naturais ou de cavação, como eram chamados, privilegiando-se o filme de ficção; segundo ele, parecia natural que tratar de cinema era falar de filmes de ficção, porém isso que era considerado natural na verdade evidenciava um recorte que ignorava uma vasta produção de documentários dos anos 1920, a qual era a responsável de fato pelo sustento financeiro do cinema nacional no período[266]. Segundo Bernardet, essa produção fazia circular algum dinheiro na área e contribuía para a manutenção de equipamentos e laboratórios, impedia que a produção brasileira desaparecesse das telas e fornecia ao público alguma imagem cinematográfica da sociedade[267].

Segundo José Inácio de Melo Souza, alguns fatores contribuíram para que os documentários tivessem sido desprezados por algum tempo nas análises historiográficas, tais como: 1) as demandas aos arquivos que eram feitas pela chamada historiografia clássica, como a de Paulo Emílio Salles Gomes e Alex Viany, que giravam sempre em torno das obras ficcionais, provocando assim o abandono do material documentário; 2) incêndios em depósitos, produtoras e arquivos de imagens que destruíram parte do material de não ficção; 3) o predomínio da política de autores em detrimento dos filmes anônimos próprios da cavação; e 4) uma "desconfiança generalizada quanto aos conteúdos veiculados por documentários e cinejornais oficiais e oficiosos"[268].

---

266 Jean-Claude Bernardet, *Historiografia clássica do cinema brasileiro: metodologia e pedagogia*, São Paulo: Annablume, 1995.

267 *Ibidem.*

268 José Inácio de Melo Souza, *O Estado contra os meios de comunicação (1889-1945)*, *op. cit.*, p. 5.

Na historiografia clássica, o Ince somente é mencionado em referência à obra de Humberto Mauro, exaltado pelo seu trabalho no cinema nacional, sobretudo pelos filmes ficcionais de longa--metragem. Viany o considerava um dos cineastas mais ilustres e conscientes de fazer um cinema legitimamente nacional, atribuindo a ele a frase: "a vida brasileira tem que ser passada na tela como ela é"[269]. Quando menciona o Ince, Viany parabeniza Mauro pelo seu trabalho, ao mesmo tempo que lamenta a ausência da direção do cineasta nos filmes de longa-metragem:

> Ocupado no Ince, para o qual já produziu dezenas de comentários de todas as espécies – educativos, científicos, musicais, turísticos, etc., Humberto Mauro afastou-se dos filmes comerciais de longa metragem há alguns anos. É uma pena, pois, indubitavelmente, muita coisa boa e brasileira ainda poderia contar. Contudo, mesmo que continue apenas a produzir filmes curtos para o Ince, estará sempre a trabalhar pelo cinema que descobriu, rapazola, em Cataguases, e ao qual desde então tem servido com dignidade e dedicação[270].

Na obra *Humberto Mauro, Cataguases, Cinearte*, de Paulo Emílio, encontramos algumas referências à produção dos filmes educativos do cineasta. Entretanto, são apresentadas como dados informativos que servem mais para salientar a não realização dos filmes de enredo durante um período do que propriamente para analisar a produção de documentários por Humberto Mauro, mesmo porque o objetivo de Paulo Emílio era tratar da produção de Mauro anterior à sua entrada no Ince, recuperando a sua biografia, a sua trajetória em Cataguases e as suas primeiras produções, e analisando a filmografia relativa aos filmes de enredo. Os filmes educativos aparecem somente quando o autor trata da visão da revista *Cinearte* em relação ao cinema nacional. Paulo

---

269 Alex Viany, *Introdução ao cinema brasileiro*, Rio de Janeiro: Instituto Nacional do Livro, 1959, p. 90.
270 *Ibidem.*

Emílio destaca os temas que mais se sobressaíram no debate sobre a produção de filmes nacionais, como a questão da propaganda do país no exterior e o problema do moralismo presente na crítica aos filmes da época. É sob a égide desses temas que ele insere a produção dos filmes educativos no Brasil – ótica que se tornou uma constante nos trabalhos posteriores sobre o assunto.

Quando analisa o debate ocorrido na *Cinearte* em torno da questão pedagógica e o cinema, Paulo Emílio salienta o seu desgosto com os artigos:

> O interesse maior por problemas pedagógicos desligou sua coluna do que havia de mais vivo em *Cinearte* e, como ele também se afastou pouco a pouco das tarefas de preparo da revista, a importância de Adhemar aumentou muito. Com a retração de Behring, o nível intelectual baixou e tornou-se mais interessante. Sucedeu à parte cinematográfica de *Para Todos*...
>
> [...]
>
> O artigo deve ser encomendado por Behring, que nesse período sai da sonolência pedagógica e da preocupação com a censura e volta os olhos para o nosso cinema[271].

Na fase em que Mauro se dedica ao Ince, Paulo Emílio vê na figura de Roquette-Pinto o novo mestre do cineasta. No passado, Mauro teria sido discípulo de Cypriano Teixeira Mendes, Pedro Comello e Adhemar Gonzaga, os quais lhe ensinaram as principais técnicas cinematográficas, e agora este novo mestre, nas palavras de Paulo Emílio, tinha "respeito pedante pela cultura oficial"[272]. Mauro tornou-se então um representante do cinema oficial. Para Paulo Emílio, é somente quando Humberto Mauro se liberta dessa fase negativa de sua temporada no Ince

---

271 Paulo Emílio Salles Gomes, *Humberto Mauro, Cataguases, Cinearte*, São Paulo: Perspectiva, 1974, p. 322-323.

272 *Ibidem*, p. 90.

que ele chega à sua fase de "luminosa maturidade"[273]. Portanto, outro incômodo do autor quanto à produção cinematográfica de Mauro no Ince seria o vínculo com a cultura oficial, a relação com o Estado, que teria desviado a produção nacional do verdadeiro cinema, o filme de ficção. Como afirma Moura, esse tipo de avaliação da produção de Mauro, isto é, a ideia de que as influências de Adhemar Gonzaga e de Roquette-Pinto se constituíram em redutor estético e ideológico na obra do cineasta, tornou-se recorrente[274].

O mesmo tom depreciativo com que Paulo Emílio trata o cinema educativo não aparece quando ele, na década de 1950, escreve uma série de artigos sobre o documentarista inglês John Grierson em decorrência de uma doação que o governo inglês havia feito à cinemateca brasileira. Nesses artigos, Paulo Emílio comenta a produção cinematográfica de Grierson, descreve as relações que ele tinha com o governo inglês e, posteriormente, com o canadense, e refere-se às concepções do documentarista quanto ao uso do cinema na educação[275].

Em outro livro sobre a vida e a obra de Humberto Mauro, este organizado por Alex Viany, encontramos também uma série de comentários sobre a atuação do cineasta no Instituto Nacional de Cinema Educativo, como o de Francisco Luiz de Almeida Salles, feito na inauguração do Centro Acadêmico Humberto Mauro da Escola Superior de Cinema de São Luís: "ingressando nos quadros técnicos do Ince, ali se dedicou apenas ao documentário, honestamente bem feito, mas despido do espírito de

---

273 *Ibidem*, p. 451.

274 Roberto Moura, "Canto da saudade: a exaustão dos 'mestres' na obra de Humberto Mauro", em: Mariarosaria Fabris *et al.*, *Estudos Socine de cinema, ano III*, Porto Alegre: Sulina, 2003.

275 Paulo Emílio escreveu três artigos sobre o documentarista John Grierson, todos eles publicados no suplemento literário do jornal *O Estado de S. Paulo*: "A lição inglesa", de 19 de abril de 1958; "A ideologia de Grierson", de 26 de abril de 1958; e "A ação de Grierson", de 3 de maio de 1958. Ver Paulo Emílio Gomes, *Crítica de cinema no Suplemento Literário*, v. 1, Rio de Janeiro: Paz e Terra, 1981.

pesquisa e da experiência, que tão bem orientou em sua obra de ficção"[276].

As expressões utilizadas já denotam certa ressalva à produção realizada no Ince e ao próprio órgão. Referências como "a toca do Ince", "o velho Mauro", "até então a jazer esquecido arquivado nos laboratórios do Ince", "burocratizado no Ince" e "Mauro permanece em arquivos empoeirados" demonstram muitas vezes a ambiguidade com que foi tratada a produção documentária dele, pelo fato de pertencer a um órgão oficial. A última frase citada é de Glauber Rocha, cineasta que tecia grandes elogios ao estilo cinematográfico de Mauro – o qual teria inspirado o próprio movimento do cinema novo –, mas segundo quem, quando se trata da sua produção ligada ao Ince, carrega algo de velho e paralisado.

> Isto porque este velho mineiro de Cataguases – burocratizado no Ince e sem produtor para fazer novos filmes – é um cineasta de ontem e de hoje: é o mais novo dos cineastas do Brasil, é naturalmente a bandeira do nosso movimento (com licença da bandeira e do movimento) e está sendo descoberto no momento em que o país cinematográfico está maduro para recebê-lo. Bom que Mauro não tivesse sido estragado no monstro da Vera Cruz. Bom que Mauro permanecesse em arquivos empoeirados enquanto as experiências de imitação humilharam o cineasta brasileiro até reduzi-lo a um marginal desprestigiado e justamente omitido[277].

Para Glauber Rocha, Humberto Mauro conseguiu obter em seus filmes um quadro real do Brasil por não esconder a "violência da miséria" e por abordar os problemas sociais, virtudes que são identificadas, por exemplo, no documentário *Engenhos e usinas*, de 1955; Glauber afirma ainda que esquecer Humberto Mauro

---

276 Francisco Luiz de Almeida Salles *apud* Alex Viany, *Humberto Mauro: sua vida/sua arte/sua trajetória no cinema*, Rio de Janeiro: Artenova; Embrafilme, 1978, p. 57.

277 Glauber Rocha *apud* Alex Viany, *Humberto Mauro: sua vida/sua arte/sua trajetória no cinema*, *op. cit.*, p. 84.

"é tentativa suicida de partir do zero para um futuro de experiências estéreis e desligadas das fontes vivas de nosso povo, triste e faminto, numa paisagem exuberante"[278]. Evidentemente, a obra de Mauro não foi esquecida, sendo, ao contrário, bastante revista e homenageada. Apenas a sua participação no Ince como documentarista é que, por algum tempo, foi vista como um enfadonho trabalho burocrático. Contudo, na afirmação de Ramos e Miranda, o trabalho de Humberto Mauro no instituto não foi um mero emprego burocrático, já que a infraestrutura técnica do Ince permitiu o exercício do documentário e, ademais, ele compartilhava do ideário cientificista que predominou nas obras do instituto[279].

Sheila Schvarzman, em artigo sobre a obra documentária do cineasta mineiro, afirma que ele não passou à história do cinema brasileiro como um documentarista[280]. Apesar da grande produção de documentários realizada pelo cineasta, essa produção passou para a história sob a alcunha de cinema oficial. Schvarzman mostra que, na década de 1930, o cinema educativo estava no centro de um debate que já vinha se desenrolando entre cineastas, produtores e críticos sobre a aceitação ou não do filme documentário como legítima arte cinematográfica. O documentário só seria plenamente valorizado pelo seu valor artístico e como cinema a partir da década de 1950. Analisa, ainda, os temas – as comemorações de datas oficiais, a natureza, os filmes de higiene, os filmes com temas históricos, o Brasil rural – que permearam os documentários produzidos por Mauro.

Para Elisandra Galvão, que investigou numa pesquisa mais recente a produção do Ince, os filmes de caráter científico – dirigidos por Humberto Mauro – merecem destaque não só pelos

---

278 Marcos Bessa Mendes da Rocha, "A outra modernidade educacional: da geração dos críticos republicanos aos pioneiros da educação", *Educação em Foco*, Juiz de Fora: set.-fev. 2002/2003, v. 7, n. 2, p. 54.

279 Fernão Pessoa Ramos e Luiz Felipe Miranda, *Enciclopédia do cinema brasileiro*, *op. cit.*

280 Sheila Schvarzman, "Humberto Mauro e o documentário", em: Francisco Elinaldo Teixeira, *Documentário no Brasil: tradição e transformação*, São Paulo: Summus, 2004b.

conteúdos educativos tratados, mas pela qualidade artística que em geral exibem. Segundo ela, "percebe-se que o cineasta mineiro tinha o cuidado com a fotografia, com a luz, com os elementos que compõem a cena. O fato de a temática da ciência e da tecnologia serem frequentemente vistas na tradição cultural brasileira como uma questão 'técnica' e 'fria' pode ter contribuído para o pouco interesse despertado por esses filmes junto aos críticos e historiadores do cinema brasileiro"[281].

Com relação à aceitação ou não do documentário como arte cinematográfica, podemos também citar o trabalho de Ismail Xavier, que já se referiu ao debate que ocorrera na *Cinearte* acerca dos filmes naturais; o autor mostra como o documentário era visto nas primeiras décadas do século XX por alguns críticos que desejavam a produção do "bom" cinema no Brasil, cuja opinião, em síntese, era: "nada de documentários, pois não há controle total sobre o que se mostra e os elementos indesejáveis podem infiltrar-se"[282].

Ainda segundo Xavier, a *Cinearte* fazia uma defesa do cinema caracterizando-o como um produto benéfico, atrativo, culto, ou seja, como arte. O enobrecimento do cinema procurava atrair uma elite letrada que ainda não via com bons olhos a indústria cinematográfica, além de contribuir para a campanha em prol do cinema nacional que a revista realizava. Portanto, "a aplicação pedagógica e os serviços do cinema à ciência concluiriam a imagem de seriedade e fariam a ponte para a sensibilização das elites letradas"[283].

A *Cinearte* também foi objeto de estudo de Taís Campelo Lucas em sua dissertação de mestrado. A autora rejeita a noção de que o pensamento crítico de cinema se desenvolveu, no Brasil, pela importação de ideias do mundo desenvolvido, como aponta a análise de Ismail Xavier no trabalho citado. Segundo Lucas, a revista

---

281 Elisandra Galvão, *A Ciência vai ao cinema: uma análise de filmes educativos e de divulgação científica do Instituto Nacional de Cinema Educativo (Ince)*, dissertação (mestrado em Educação) – UFRJ, Rio de Janeiro: 2004, p. 146.

282 Ismail Xavier, *Sétima arte, um culto moderno*, São Paulo: Perspectiva, 1978, p. 182.

283 *Ibidem*, p. 194.

representou uma estrutura de sociabilidade, "que reúne um grupo de intelectuais-artistas para construir, organizar e propagar as suas ideias, para além dos copismos simplistas"[284]. Ela também mostra em sua análise a importância que teve para a revista o cinema educativo (presente em vários números da *Cinearte* e cuja produção era incentivada por Mário Behring, um dos editores, com o intuito de mostrar o Brasil aos brasileiros): como forma de combater a influência do cinema estrangeiro; como benefício para a institucionalização de uma identidade nacional; como incentivo ao cinema nacional; como educação das massas iletradas.

A produção de documentários de Humberto Mauro enquanto membro do Ince foi analisada por Fernão Pessoa Ramos, para quem a relação entre cinema e educação aparecia como uma justificativa para conseguir o apoio do Estado à atividade cinematográfica, ou seja, o conceito de educação associado ao cinema era o "verniz que cobre a visão do que é o gênero documentário, permitindo o apoio oficial"[285].

Sheila Schvarzman considera que as imagens produzidas na obra de Humberto Mauro, nos filmes de enredo ou nos documentários, constituíram-se como as matrizes do cinema brasileiro[286]. A autora recupera a documentação oficial sobre o cinema educativo e analisa a obra de Mauro no Ince para mostrar que essa produção ficcional e documentária "ressignifica os ícones da nacionalidade, inventa outros e institui um Brasil no cinema"[287].

Nos últimos anos, algumas análises do cinema documentário nacional têm mencionado a produção do Ince, como a de Hilda Machado, que, ao fazer uma retrospectiva do percurso do filme de não ficção no Brasil, registra uma trajetória, entre os anos 1920

---

284 Taís Campelo Lucas, *Cinearte: o cinema brasileiro em revista (1926-1942)*, dissertação (mestrado em História) – UFF, Niterói: 2005, p. 58.

285 Fernão Pessoa Ramos, "Hirszman e Mauro, documentaristas", *Estudos de cinema*, São Paulo: 2000, n. 3, p. 196. Do mesmo autor, ver também: "Humberto Mauro", em: Paulo Paranaguá, *Cinema documental en America Latina*, Madri: Cátedra, 2003.

286 Sheila Schvarzman, *Humberto Mauro e as imagens do Brasil*, São Paulo: Unesp, 2004a.

287 *Ibidem*, p. 20.

e 1930, que parte da cavação, passa pelos filmes etnográficos e científicos, até chegar aos filmes oficiais do instituto[288]. Segundo a autora, a produção nacional foi caracterizada primeiramente pelos documentários sob encomenda e, depois, apropriada pelo discurso da ciência e por uma "antropologia silenciosa" que descrevia o outro: "um índio, a mata, uma anta, o rio – foram igualados no registro neutro de Major Thomaz Reis, a serviço do exército brasileiro e do positivismo"[289].

Nos anos 1930, o documentarista escocês John Grierson defendia a função social desse gênero cinematográfico e liderou o movimento documentarista inglês na Inglaterra a partir de 1929. Embora não haja notícias do contato entre as propostas de Grierson e as defendidas pelos adeptos do cinema educativo brasileiro – Grierson não é citado nenhuma vez pelos educadores ou cineastas que formularam esse cinema no Brasil –, havia proximidade entre as propostas.

As duas concepções de filmes educativos tinham proposições e referenciais teóricos comuns, como os autores do pragmatismo norte-americano: enquanto no Brasil a influência mais forte foi John Dewey, no caso do documentarista inglês encontramos referências a Walter Lippmann. John Grierson parte das ideias de Lippmann, cujo livro *Public Opinion*, de 1922, trata do distanciamento entre o cidadão e o governo. Para Lippmann, o cidadão, sentindo que não podia mais obter as informações necessárias para participar do processo decisório, afastou-se do governo. A solução para esse problema estaria no processo educacional. Essa mesma preocupação com a lacuna aberta entre o cidadão, a comunidade e o governo aparece nos escritos de Grierson. Segundo o documentarista inglês, o novo processo educacional, baseado em métodos dramáticos, como o filme documentário, deveria fornecer elementos para aproximar esses polos. Sua proposta é de que

---

288 Hilda Machado, "Cinema de não ficção no Brasil", *Revista Cinemais*, Rio de Janeiro: out.-dez. 2003.

289 *Ibidem*, p. 238.

o filme documentário poderia contribuir para uma melhora da sociedade promovendo uma melhor relação entre o Estado e os cidadãos[290].

Ao traçar um panorama do documentário nacional, Labaki compara a produção de Humberto Mauro no Ince com a de John Grierson; o autor diz que a fórmula de Grierson "veste como uma luva o mais importante movimento do documentário no Brasil no momento da chegada do som ao cinema" e ainda afirma que "o projeto do Ince combinava o documentarismo instrumental de John Grierson ao preservacionismo cultural de Mário de Andrade"[291]. No nosso entender, essas aproximações merecem novas investigações, que poderiam revelar interpretações inéditas a respeito do cinema educativo no Brasil e da história do cinema documentário nacional.

Para Fernão Ramos, tanto no Brasil, com o Instituto Nacional de Cinema Educativo, como no documentário inglês, a função seria a de propaganda das boas ideias (construir fossas secas, preservar alimentos, promover a cultura popular, divulgar a ciência) ou das boas causas (vender produtos do Império Britânico, enaltecer a capacidade produtiva, promover a educação cívica para a democracia, glorificar as grandes figuras da história, criar uma identidade nacional). Sendo assim, para Ramos, não existe nessa proposta clássica de documentário uma contradição entre a propaganda e a ética educativa[292].

Ao comentar o documentário produzido no Ince, Ramos recorre a uma diretriz de análise comum a alguns autores: "Humberto Mauro foi dirigir o Instituto Nacional de Cinema Educativo, o Ince, após sua ficção delicada e a narrativa clássica do Brasil. Em

---

290 Rosana Elisa Catelli, "Cinema e educação em John Grierson", *Mnemocine*, 2003. Disponível em: http://www.mnemocine.com.br/aruanda/cineducemgrierson.htm. Acesso em: 4 out. 2022.

291 Amir Labaki, *Introdução ao documentário brasileiro*, São Paulo: Francis, 2006, p. 38-40.

292 Fernão Pessoa Ramos, *Mas afinal… o que é mesmo documentário?*, São Paulo: Senac São Paulo, 2008.

1937 e durante a ditadura do Estado Novo, Mauro, como tantos artistas e intelectuais, se jogava no grande esforço de criação de uma nacionalidade sob Getúlio Vargas"[293]. Entretanto, poderíamos dizer que, apesar do "caráter estatal" da produção documentária do Ince, Mauro realizou seus filmes documentários com a mesma delicadeza anterior.

É interessante notar que, quando se analisa o percurso do documentário nacional, o cinema educativo parece ser colocado como um momento de exceção, como se a produção cinematográfica tivesse dado uma parada para servir ao Estado e depois retomado a sua trajetória. O debate em torno da necessidade de produzir filmes educativos e a própria produção desses filmes parecem não ter nada a ver com o que existiu anteriormente em termos cinematográficos. Fala-se da presença do discurso cientificista entre os formuladores do cinema educativo, vinculado principalmente à visão positivista do período, mas não se fala em uma herança do tipo de visualidade produzida pelos primeiros filmes do final do século XIX e início do XX; no entanto, quando lemos as ideias propagadas pelos formuladores do cinema educativo, notamos uma trajetória sinalizada pela referência aos filmes do cinema científico do período, como também aos filmes da Comissão Rondon, da qual fizera parte Roquette-Pinto – que anos depois fundaria o Instituto Nacional de Cinema Educativo.

Cinema e história

No Brasil, já desde a década de 1950, podemos encontrar textos que relacionam cinema e história; o historiador José Honório Rodrigues, por exemplo, em 1952 analisou as possibilidades que o filme poderia oferecer à pesquisa histórica[294]. Nos últimos anos no país, o cinema tornou-se também fonte e objeto de estudo das

---

293 *Ibidem*, p. 240.

294 Eduardo Victorio Morettin, "O cinema como fonte histórica na obra de Marc Ferro", *História & Debates*, Curitiba: 2003, n. 38.

análises históricas; com a escolha de novos temas e novos objetos de pesquisa sobre o passado por influência da Nova História, os historiadores passaram a buscar não só as fontes documentais tradicionais, mas também outras fontes de pesquisa, como a imagem visual, a pintura, a fotografia e o cinema, este último em grande parte incorporado ao fazer histórico por influência do historiador francês Marc Ferro[295].

Dentro dessa temática, podemos mencionar o já citado trabalho de Sheila Schvarzman *Humberto Mauro e as imagens do Brasil*, que toma por objeto a obra de Humberto Mauro para mostrar como elementos da nacionalidade e da modernidade são apresentados numa linguagem cinematográfica. De acordo com a autora, os filmes produzidos pelo Ince se constituíram como veículos de visões historiográficas consagradas; utilizando o cinema, procuravam proporcionar ensinamentos sobre os acontecimentos históricos, os grandes personagens da nossa cultura e a natureza – esta entendida no seu sentido utilitário, e não exótico –, ou seja, colocavam à disposição dos brasileiros os patrimônios do presente e do passado, apresentando valores não de ufanismo, mas de civilização[296].

O trabalho de Schvarzman, portanto, dialoga com a tradição cinematográfica e com a historiografia nacional. A produção documentária de Humberto Mauro, vinculada ao cinema educativo, aparece como parte de um projeto de modernização para o país e de construção das imagens de referência para a formação de uma identidade nacional[297].

Outro autor que estabelece o diálogo do cinema com a história é Eduardo Morettin, que, a partir do filme *Os bandeirantes*, de Humberto Mauro, analisa as propostas do cinema educativo e o projeto do Estado Novo, que é expresso simbolicamente nas

---

295 Marc Ferro, *Cinema e história*, São Paulo: Paz e Terra, 1992.

296 Sheila Schvarzman, *Humberto Mauro e as imagens do Brasil, op. cit.*

297 Sobre a obra de Humberto Mauro, ver também Daniel Wanderson Ferreira, *Fazer cinema, construir a nação: as imagens do cineasta Humberto Mauro*, dissertação (mestrado em História) – UFMG, Belo Horizonte: 2004.

imagens cinematográficas[298]. Em outra análise, Morettin faz um estudo do filme *Descobrimento do Brasil*, também de Humberto Mauro, realizado em 1937, e procura mostrar os projetos ideológicos e as concepções historiográficas contidos na produção desse tipo de filme[299]. Ele analisa a mitificação do tema do descobrimento desde o século XIX, não só pelas produções bibliográficas, mas, sobretudo, pela utilização da imagem visual (como a pintura histórica do século XIX) como recurso pedagógico; no século XX, por intermédio do cinema, a historiografia encontra um novo campo para a circulação do tema e a ampliação da força do mito[300]. O autor analisa também o cinema educativo do ponto de vista das concepções de seus membros sobre o que seria um filme histórico e da utilização dos meios de comunicação como veículos de propaganda no governo Getúlio Vargas. Nesta temática do cinema educativo, Eduardo Morettin já havia feito uma breve análise das concepções dos educadores vinculados à Escola Nova com relação ao uso do cinema na educação: "a preocupação ética e moral dos educadores ia ao encontro da procura de 'seriedade' que estes críticos queriam dar ao cinema brasileiro, a fim de aumentar a sua aceitação no restante da sociedade"[301].

Na sua tese de doutorado, intitulada *Os limites de um projeto de monumentalização cinematográfica: uma análise do filme "Descobrimento do Brasil" (1937), de Humberto Mauro*, Morettin aborda a produção do Ince entre os anos 1920 e 1930. Destaca o controle sobre a produção e veiculação dos filmes pela implantação dos órgãos de censura. A justificativa para a existência de uma

---

298 Eduardo Victorio Morettin, "Quadros em movimento: o uso das fontes iconográficas no filme 'Os bandeirantes' (1940), de Humberto Mauro", *Revista Brasileira de História*, São Paulo: 1998, v. 18, n. 35.

299 *Idem, Os limites de um projeto de monumentalização cinematográfica: uma análise do filme "Descobrimento do Brasil" (1937), de Humberto Mauro*, tese (doutorado em Ciências das Comunicações) – USP, São Paulo: 2001.

300 *Ibidem.*

301 *Idem*, "Cinema educativo: uma abordagem histórica", *Comunicação e Educação*, São Paulo: set.-dez. 1995, v. 4, p. 14.

fiscalização dos filmes e para a possível censura era a má influência do cinema comercial sobre o público, principalmente sobre os jovens, do que decorria, também, a necessidade de se produzirem filmes educativos, que combateriam esse "mau cinema"[302]. O autor ainda enfatiza as relações que se estabeleceram com os governos totalitários europeus, principalmente da Itália e da Alemanha, na organização do cinema educativo no Brasil, e faz um pequeno comentário a respeito das outras influências externas que aparecem nos textos da época, como as da França e dos Estados Unidos, cuja atuação na área era elogiada desde o início da década.

Circulavam no Brasil, além das ideias impressas nas publicações, as imagens produzidas pelos respectivos cinemas educativos nesses países. Pelas citações, podemos dizer que parte do referencial imagético do cinema educativo no Brasil era o francês e o norte-americano.

A reconstrução que Morettin faz da história da visualidade em relação ao descobrimento do Brasil poderia ser feita com a circulação das imagens referentes ao próprio modelo de filme educativo: seria possível reconstituir um diálogo formado pelas referências advindas de vários países que, na época, realizaram uma produção cinematográfica considerável desse tipo de filme, abrangendo os gêneros do filme documentário, do filme etnográfico e do filme científico. Também podemos refletir sobre a circulação de determinados temas em diferentes suportes imagéticos e sobre como se formou determinada cultura visual do tema.

O filme O *descobrimento do Brasil* foi abordado também por Carolina Cavalcanti Bezerra, que se propõe a analisá-lo como uma obra audiovisual de instrução, informação e educação visual do governo de Getúlio Vargas[303]. A autora analisa o filme de

---

302 *Idem, Os limites de um projeto de monumentalização cinematográfica: uma análise do filme "Descobrimento do Brasil" (1937), op. cit.*

303 Carolina Cavalcanti Bezerra, *Caminha, Meirelles e Mauro: narrativas do (re)descobrimento do Brasil; decifrando as imagens do paraíso*, dissertação (mestrado em Educação) – Unicamp, Campinas: 2008.

Humberto Mauro e a pintura histórica *A Primeira Missa do Brasil*, de 1861, do artista Victor Meirelles.

Na área de história, encontramos ainda pesquisas que relacionaram essa experiência de produção e exibição de filmes educativos, entre 1920 e 1930, com as transformações urbanas de cidades como Rio de Janeiro e São Paulo. Nessa linha, podemos citar o trabalho de Teles, ao afirmar que,

> [...] para os agentes sociais que tomaram a cidade e suas relações como um problema a ser equacionado, este recurso pedagógico ou de propaganda – muitas vezes o segundo sentido foi tomado como o primeiro – foi estratégico para a moralização dos hábitos urbanos[304].

A autora tratou o cinema educativo como uma renovação nos processos de ensino e ainda como um instrumento para o enfrentamento das questões sociais do período.

Cinema e educação

Várias análises sobre o cinema educativo no Brasil se voltam mais estritamente para a relação entre o cinema e suas possibilidades de uso pedagógico. É assim com o trabalho pioneiro de Marília Franco, que trata da proposta de utilização do cinema na educação como uma tentativa de modernização do processo educacional. A autora considera que tal proposta, concebida pelos Pioneiros da Escola Nova, foi formulada numa sociedade ainda não preparada para ela, dadas as características aristocráticas e tradicionalistas dessa sociedade e a sua economia dependente e pouco voltada

---

304 Ângela Aparecida Teles, *Cinema contra cinema: o cinema educativo em São Paulo nas décadas de 1920/1930*, dissertação (mestrado em História) – PUC-SP, São Paulo: 1995, p. 99.

para a produção científica e tecnológica[305]. Do ponto de vista do cinema, havia as dificuldades em se constituir uma indústria cinematográfica nacional, e, nesse sentido, o Ince, que, com recursos técnicos próprios, realizava em torno de trinta filmes por ano, pode ser visto como a "ilha da fantasia" da produção cinematográfica no Brasil dos anos 1930 a 1950[306].

Nessa relação entre cinema e educação, há também as análises que elegeram como personagem central na formulação das propostas do cinema educativo no país a Escola Nova. Sendo o movimento o grande fomentador das ações de cinema educativo e das formulações de como deveria ser o filme de caráter pedagógico, há várias análises sobre o tema que se centram nos nomes que compuseram o grupo. Vidal, por exemplo, insere o uso do cinema na sala de aula no contexto das transformações da sociedade industrial; segundo a autora, "o projetor cinematográfico reforçava a representação da máquina. A imagem da indústria sintetizava as novas relações do homem com o real"[307]. Morrone reconstitui pela documentação oficial o projeto educacional escolanovista e as suas ideias sobre a utilização das imagens cinematográficas com fins pedagógicos, resgata o pensamento católico sobre a utilização do cinema, assim como trata da utilização deste pelo Estado Novo; destaca, ainda, as três vertentes de utilização do cinema que estavam presentes durante a década de 1930 – Escola Nova, Igreja católica e Estado Novo –, as quais em alguns momentos se conciliaram e em outros entraram em conflito[308].

Como o foco de análise de Morrone são as práticas pedagógicas, as conclusões giram em torno da eficácia ou não das medidas

---

305 Marília da Silva Franco, *Escola audiovisual*, tese (doutorado em Comunicação) – USP, São Paulo: 1987.

306 *Ibidem.*

307 Diana Gonçalves Vidal, "Cinema, laboratórios, ciências físicas e Escola Nova", *Cadernos de Pesquisa*, São Paulo: maio 1994, n. 89, p. 28.

308 Maria Lúcia Morrone, *Cinema e educação: a participação da "imagem em movimento" nas diretrizes da educação nacional e nas práticas pedagógicas escolares*, op. cit.

de utilização do filme educativo que foram implementadas nas escolas, e apontam para um não cumprimento do objetivo de implementação do cinema nas escolas tal como proposto nos discursos oficiais; a autora considera o projeto um simples produto importado de outros países e que não se efetivou como prática pedagógica[309]. Segundo ela, a produção do Ince não possuía correlação com o conteúdo dos programas escolares, e a circulação dos filmes ficou restrita a um pequeno número de escolas[310].

Essas dificuldades na implantação do cinema educativo aparecem também em pesquisas que analisaram particularmente as escolas paulistas. O trabalho de Bustamante investigou a documentação da escola Caetano de Campos, em São Paulo, entre os anos 1920 e 1930, e reflete sobre os efeitos da utilização do cinema na sala de aula[311]. A pesquisa de Ana Nicolaça Monteiro[312] analisou especificamente o cinema educativo na cultura escolar da escola primária entre as décadas de 1930 e 1940. Segundo ela, esse tipo de cinema foi visto como um instrumento impulsionador da prática docente. Entretanto, alguns professores não conseguiram dar continuidade aos seus projetos em razão das dificuldades para a aquisição de filmes e equipamentos, além da falta de infraestrutura adequada para a exibição das películas nas escolas. Essas observações sobre o Serviço de Cinema Educativo são descritas pelos docentes, principalmente nas cidades do interior.

---

309 *Ibidem.*

310 *Ibidem.*

311 Ailton Bustamante Abreu, *Escola e cinema: o cinema educativo na Escola Caetano de Campos em São Paulo entre os anos* [19]30 *e* [19]60, dissertação (mestrado em Educação: História, Política e Sociedade) – PUC-SP, São Paulo: 1999. A respeito do ensino de história, especificamente, ver: André Chaves de Melo Silva, *Ensino de história, cinema, imprensa e poder na era Vargas (1930-1945)*, dissertação (mestrado em Educação) – USP, São Paulo: 2005. Há, ainda, análise específica sobre o Ince e a questão da educação científica: Elisandra de Araújo Galvão, *A ciência vai ao cinema: uma análise de filmes educativos e de divulgação científica do Ince*, dissertação (mestrado em Cinema) – UFRJ, Rio de Janeiro: 2004.

312 Ana Nicolaça Monteiro, *O cinema educativo como inovação pedagógica na escola primária (1933-1944)*, dissertação (mestrado em Educação) – USP, São Paulo: 2006.

Essa mesma questão foi apontada por Carvalhal, em sua análise sobre o Instituto Nacional de Cinema Educativo, que confirma as dificuldades de distribuição dos filmes para todo o território nacional[313]. Para a autora, o Ince ficou dedicado à produção dos filmes e não se dedicou a uma estratégia de distribuição para os espaços educacionais do país. Além disso, segundo essa mesma autora, o instituto careceu de um planejamento orçamentário e político pedagógico que compatibilizasse os filmes aos currículos escolares e pudesse tornar o uso dos filmes uma prática educacional habitual.

Já Marcelo de Carvalho Bonetti, que se deteve na análise dos filmes educativos produzidos no país, aponta para uma importância significativa dessa produção audiovisual. Bonetti desenvolveu uma pesquisa sobre a contribuição do cinema no ensino das ciências físicas no Brasil. Segundo ele, com a criação do Instituto Nacional de Cinema Educativo, ampliou-se o conteúdo de filmes destinados às ciências da natureza e para a área das ciências físicas. Os filmes produzidos a partir de 1937 pelo Ince, além de abordar temas especificamente da física, trataram de assuntos que envolviam essa área indiretamente. Filmes sobre higiene e saúde, por exemplo, tratavam dos processos de captação da água; filmes sobre produção de materiais industriais ou farmacêuticos envolviam conhecimentos sobre calor e temperatura; entre outros. Em seu estudo, Bonetti analisa alguns desses filmes e faz as intersecções com os conhecimentos oferecidos para alunos e professores[314].

Para Cecília Hanna Mate, o modelo escolanovista desdobrou-se num projeto bem mais amplo de reeducação da sociedade por meio da transmissão de modos de comportamento,

---

313 Fernanda Caraline de Almeida Carvalhal, *Luz, câmera, educação! O Instituto Nacional de Cinema Educativo e a formação da cultura áudio – imagética escolar*, dissertação (mestrado em Educação) – Unesa, Rio de Janeiro: 2008.

314 Marcelo de Carvalho Bonetti, *As imagens em movimento e sua contribuição no ensino das ciências físicas no Brasil (1800-1960)*, tese (doutorado em Ensino de Física) – USP, São Paulo: 2013.

no qual a técnica e a ciência apareciam como ingredientes nas ações de regulação social, sendo que o cinema educativo era um dos instrumentos de intervenção do Estado, cujo objetivo era construir "o sentimento de nacionalidade através da veiculação de imagens do território brasileiro e fazer frente a outro tipo de cinema que ameaçava a sociedade"[315]. Ao analisar os artigos publicados pelas revistas de educação do período, Mate enfatiza a polarização, formulada pelos educadores dos anos 1920 e 1930, entre cinema educativo e um cinema perigoso, ou o cinema que deseducava; segundo ela, as diversas vozes publicadas na revista *Escola Nova* revelam a tensão entre setores conservadores da sociedade e aqueles considerados renovadores, ambos os quais construindo formas de veicular um cinema que, além de combater o cinema nocivo, formulasse também novos hábitos sociais[316].

Ainda nessa linha, temos a análise de Antonacci, que também enfatiza a polarização entre um cinema que educa e outro que deseduca, entre um cinema perturbador da formação sadia das crianças e outro que seria agente da educação moral, patriótica e dos padrões culturais[317].

Maria Eneida F. Saliba vai investigar a concepção de educação na obra de um dos formuladores do cinema educativo, Joaquim Canuto Mendes de Almeida, fazendo um levantamento biográfico, expondo a trajetória de Canuto como cineasta nas primeiras décadas do século XX, em São Paulo, e analisando a sua publicação *Cinema contra cinema: bases gerais para um esboço de organização do cinema educativo no Brasil*, de 1931. A autora assinala a presença das ideias positivistas na concepção de educação de Canuto, que visava a adaptação do indivíduo à sociedade, e

---

315 Cecília Hanna Mate, *Tempos modernos na escola: os anos [19]30 e a racionalização da educação brasileira*, Bauru; Brasília: Edusc; Inep, 2002, p. 17.

316 *Ibidem*.

317 Maria A. Antonacci, "Trabalho, cultura, educação: Escola Nova e Cinema Educativo nos anos 1920/1930", *Revista Projeto História*, São Paulo: dez. 1993, n. 10.

demonstra o vínculo de Canuto com os princípios da Escola Nova, centrados numa pedagogia embasada nas contribuições da biologia e da psicologia e imbuídos de um espírito científico capaz de compreender os problemas sociais do homem moderno[318]. Quanto ao cinema, ela mostra como o autor, com uma visão instrumental e pragmática, defendia que ele poderia resolver os problemas de educação do país e que a sua proposta de moralização do cinema, com propósitos educativos, estava apoiada na atuação do Estado, único que seria capaz de resolver o conflito do cinema contra cinema[319].

Cabe lembrar que a relação entre cinema e educação, nos termos postos pelos autores dos anos 1920 e 1930, não se restringe, como aponta Saliba, às ações desencadeadas nos bancos escolares; a visão de educação tem uma abrangência maior, e por isso o cinema é posto como um fator de educação ou até mesmo como um elemento civilizador[320]. Ainda segundo a autora, o cinema naquele período era visto também em função da sua vocação democrática, pois estava ao alcance de todos; era exaltado não só pela sua capacidade de observação da realidade, mas porque representava a passagem de uma "civilização de comunicação verbal para uma sociedade industrial que veiculava, de forma acelerada, as mensagens audiovisuais. Era a chegada do mundo moderno, marcado pela presença da visualidade e da sonoridade"[321].

Nessa mesma linha de reflexão sobre o cinema educativo, a partir de um contexto mais amplo vinculado ao desenvolvimento dos meios de comunicação, temos ainda a pesquisa de João Alves dos Reis Junior sobre o educador Jonathas Serrano. Para Reis,

---

318 Maria Eneida Fachini Saliba, *Cinema contra cinema: uma paixão de juventude de Canuto Mendes (1922-1931)*, op. cit.

319 *Ibidem.*

320 *Ibidem.*

321 *Ibidem*, p. 137. Ver também: Cristina Bruzzo, "Filme 'Ensinante': o interesse pelo cinema educativo no Brasil", *Pro-Posições*, Campinas: jan.-abr. 2004, v. 15, n. 1, p. 4; e Diana Gonçalves Vidal, A imagem na reforma educacional da década de [19]20: fotografia, cinema e arquitetura, em: Seminário Pedagogia da Imagem e Imagem da Pedagogia, 1995, Niterói, *Anais...* Niterói: Universidade Federal Fluminense, 1996.

o conceito de cinematografia educativa formulado na década de 1920 inclui uma apropriação dos processos de criação e produção de filmes e, também, da própria economia cultural cinematográfica, buscando influir na produção de filmes educativos nacionais a cargo de profissionais do cinema e, ainda, naquela realizada pelos amadores e por aqueles envolvidos na educação. O autor indica que, nas primeiras décadas do século XX, houve um conjunto de práticas educacionais que se associaram às tecnologias da comunicação. Essas experiências representaram um primeiro ensaio de políticas públicas voltadas para a adoção da cinematografia educativa nas escolas brasileiras. O professor Jonathas Serrano, um dos autores do livro *Cinema e educação* (1931), junto com Francisco Venâncio Filho, trouxe uma importante sistematização metodológica para a cinematografia educativa.

Reis aponta que a cinematografia educativa inclui a fonografia, a fotografia (em movimento ou não), o rádio e até mesmo a imprensa em vários de seus aspectos. Para além do consumo organizado e orientado dos produtos (o filme, o disco, a fotografia etc.), a cinematografia educativa igualmente pressupõe conhecimento técnico de equipamentos, sua operacionalização e até a realização de novos produtos a partir do domínio da produção que caracteriza essas tecnologias de comunicação[322].

Ainda sobre as propostas de cinema educativo entre 1920 e 1930, temos o trabalho de Faheina[323], que aborda os discursos sobre cinema e educação no período. Segundo a autora, o Estado aciona uma série de estratégias frente à problemática do cinema educativo no país, que se aglutinam em torno de três séries de signos: o cinema como estratégia de formação de identidade nacional;

---

322 João Alves dos Reis Junior, *O livro das Imagens Luminosas: Jonathas Serrano e a gênese da cinematografia educativa no Brasil (1889-1937)*, tese (doutorado em Educação) – PUC-Rio, Rio de Janeiro: 2008.

323 Evelyn Fernandes Azevedo Faheina, *O discurso sobre o nexo pedagógico entre cinema e educação*, tese (doutorado em Educação) – UFPB, João Pessoa: 2015, p. 139.

o cinema como estratégia de desenvolvimento social; e o cinema como estratégia de educação das massas. Essas três séries possuem em seu interior os conceitos da escola moderna, da escola tradicional, da modernização do processo educacional e da formação do cidadão moderno. Nas palavras da autora:

> Na primeira série enunciativa o cinema é posicionado como instrumento unificador de uma cultura nacional capaz de operar uma função importante na formação do povo brasileiro, isto é, a possibilidade de abrasileirar cidadãos, ajudando-os a conhecer sua própria cultura. Na segunda, evidencia-se a função sócio – histórica do cinema, porquanto atua como ferramenta coadjuvante no processo de construção do Estado-Nação. Finalmente, na terceira, o cinema assume a posição de educação libertadora, uma vez que aparece na rede discursiva como objeto de luta contra o fenômeno do analfabetismo presente no país[324].

Os projetos de modernização da escola acontecem no decorrer do século XIX e, nesse mesmo período, surge o cinema, incluindo-se como um dos símbolos de modernização. Sendo assim, projetos de cinema educativo surgiram em várias partes do mundo, inclusive nos países da América Latina. É isso que nos mostra a pesquisa de Ana Lúcia Azevedo, na qual ela apresenta os projetos de cinema educativo no Brasil e na Argentina entre 1910 e 1940. Ela traz como a escola foi parte integrante de um conjunto de instituições que estruturaram o regime visual da modernidade, e que os discursos de aproximação entre cinema e educação são semelhantes nos dois países. Nesse contexto, o cinema não foi convocado pelos educadores pelo seu potencial artístico, mas, sim, pelo seu potencial no registro mecânico da realidade. O que a pedagogia valorizou foi a capacidade da imagem em movimento de duplicar a realidade e, assim, ampliar as formas de perceber o mundo real.

---

324 *Ibidem*, p. 139.

Trazer o cinema para um discurso nacional, de desenvolvimento e solução dos problemas nacionais, era uma forma de se apropriar desse universo novo na cultura mundial. A forma de mediar sua inclusão no pensamento brasileiro forçosamente passava pela possibilidade de integrá-lo na solução das questões vitais do país.

REFLEXÕES FINAIS

O que pretendemos neste trabalho foi tratar as propostas de cinema e educação no Brasil, entre os anos de 1920 e 1930, como parte de um contexto mais amplo de um projeto de modernização da sociedade brasileira. Apontamos o uso de filmes educativos como parte do programa da Escola Nova, que foi um movimento político e social que almejava a formação de um país moderno, pela educação e pela ciência. Sendo assim, as transformações na educação significavam a introdução de novas práticas pedagógicas e o uso de recursos técnicos que possibilitassem atingir as populações rurais e urbanas. Por isso, os meios de comunicação de massa, como o cinema, que ainda eram criações recentes, mostraram-se úteis invenções técnicas que podiam contribuir para esse objetivo, dadas as possibilidades de ampla comunicação, inclusive com os não letrados espalhados por todo o território brasileiro.

No cinema nacional, o mesmo desejo de modernização se traduziu também na defesa de ampliação da educação da sociedade brasileira. Técnicos, críticos e produtores dos filmes brasileiros compartilhavam o mesmo diagnóstico da realidade. E vislumbravam nesse processo educativo benefícios para o setor cinematográfico: formar um público para o cinema nacional; criar condições técnicas para o aperfeiçoamento das formas de realização dos filmes brasileiros; e conseguir financiamentos para a produção de filmes apoiados na defesa do potencial educativo do cinema.

A partir da análise dessas duas perspectivas, educação e cinema, observamos como a criação de práticas escolares modernas e técnicas cinematográficas se interpenetraram e formaram um projeto de modernização para o país. As técnicas cinematográficas, em consonância com uma renovação pedagógica, com determinadas posturas políticas, produziram conexões que pretendiam elaborar as imagens de um Brasil moderno – imagens idealizadas por educadores, políticos, técnicos de cinema e intelectuais de uma forma geral.

Esse projeto de modernização da sociedade brasileira teve contornos específicos, como identificamos tanto por parte dos educadores como do cinema. Em relação aos educadores filiados à Escola Nova, destacamos o cultivo dos valores nacionais, a procura do homem brasileiro genuíno, a necessidade de "redescobrir" o Brasil. Salientamos, ainda, o abandono das teorias que identificavam o "atraso" brasileiro às heranças biológicas advindas da raça em favor de teses que detectavam o atraso cultural como responsável pelos problemas brasileiros. Esse deslocamento da questão racial para a dimensão cultural, porém, em muitos casos, em nada alterou a pretensa necessidade de depuração de determinados grupos sociais considerados obstáculos à modernização país.

Nesse processo de transição para a modernidade, a cultura foi eleita como a força propulsora desse movimento. Uma concepção de cultura que valorizava os preceitos técnicos e científicos produzidos pela elite norte-americana ou europeia, ambas sinônimo de civilização moderna. Preconizavam a necessidade de um preparo da sociedade brasileira – "atrasada", rural, negra e mestiça – para uma cidadania idealizada, adiando direitos políticos e culturais a essas populações até que estivessem "civilizadas".

Quanto ao grupo vinculado ao cinema, evidenciamos o desejo de consolidar uma indústria cinematográfica nacional e de padronizar uma forma de visualizar e retratar a realidade brasileira – submeter o território brasileiro a essa paisagem nacional que se pretendia exibir nas telas, substituindo as imagens de uma natureza indomável e improdutiva por cenas de terras produtivas e domesticadas. Apontamos como esses desejos do cinema nacional estavam em sintonia com os anseios dos educadores da Escola Nova, ou seja, o cinema era visto como um instrumento contra o analfabetismo e a ignorância da população brasileira, como imagens capazes de propagar o conhecimento e o progresso.

Procuramos inserir o projeto de cinema educativo na própria história do cinema nacional e, especificamente, do cinema documentário, o qual colaborou para uma redefinição na forma de se fazer filmes, para a educação dos profissionais de cinema e para a padronização da produção dos chamados filmes "naturais". Descrevemos esse processo como uma domesticação da produção cinematográfica, caracterizada pelos seguintes aspectos: homogeneização da produção de filmes a partir dos modelos narrativos dominantes – no cinema europeu e norte-americano –; adaptação aos novos públicos urbanos e modernos; e adequação aos princípios educativos imputados ao cinema.

As concepções defendidas pela Escola Nova e pelo cinema nacional, entre 1920 e 1930, comportando diversas ambiguidades, ora inovadoras, ora conservadoras, abriram caminhos para práticas também difusas: democratização do ensino e introdução de dispositivos de controle disciplinar; utilização dos meios de comunicação para formação de uma opinião pública e doutrinação das massas incultas; cinema educativo e cinema oficial; estímulo a realização de filmes nacionais; e formatação e controle da produção cinematográfica.

No âmbito das relações internacionais, o cinema educativo no Brasil integra-se a um movimento que ocorria em vários outros países, com o objetivo de utilizar as novas tecnologias comunicacionais para fins educacionais, políticos ou propagandísticos. Nas décadas iniciais do século XX, vários Estados passaram a desenvolver políticas de uso dos meios de comunicação de massa, com feições e ideologias diversas: o nazismo na Alemanha, o stalinismo na União Soviética, o fascismo na Itália, o *New Deal* nos Estados Unidos e o sistema de ensino francês. O cinema educativo no Brasil fazia parte desse movimento internacional, não como mero mimetismo, mas como integrante de um diálogo que se estabeleceu entre essas diversas propostas de uso social e político do cinema. Nesse sentido, nosso objetivo foi abordar – a partir da bibliografia dos educadores da Escola Nova e dos artigos da revista *Cinearte* – as referências de uso do cinema na educação que pautaram a experiência brasileira.

Propusemos, ainda, que o cinema educativo fosse analisado como parte integrante da consolidação de um sistema cultural, iniciado no final do século XIX, que adotou como elemento central a ampla utilização e circulação de imagens audiovisuais, sistema esse composto pelas metodologias educacionais de uso da imagem nas escolas e pelas práticas imagéticas adotadas nos museus, na imprensa, na publicidade, nos meios de comunicação e no próprio cinema.

REFERÊNCIAS

ABEL, Richard. "Os perigos da Pathé ou a americanização dos primórdios do cinema americano". Em: CHARNEY, Leo; SCHWARTZ, Vanessa R. *O cinema e a invenção da vida moderna*. São Paulo: Cosac Naify, 2004.

ABREU, Ailton Bustamante. *Escola e cinema: o cinema educativo na Escola Caetano de Campos em São Paulo entre os anos [19]30 e [19]60*. Dissertação (Mestrado em Educação: História, Política e Sociedade) – Pontifícia Universidade Católica de São Paulo (PUC-SP). São Paulo: 1999.

AGUIAR, Lúcio Henrique Monteiro Rodder. *Olhar arrevesado: estudo de caso sobre a produção audiovisual de localidade na cidade do Rio de Janeiro*. Dissertação (Mestrado em Comunicação) – Universidade Federal Fluminense (UFF). Niterói: 2005.

ALCÂNTARA, Maria de Lourdes. *Cinema, quantos demônios: a relação da igreja com o cinema*. Tese (Doutorado em Ciências Sociais) – Pontifícia Universidade Católica de São Paulo (PUC-SP). São Paulo: 1990.

ALMEIDA JUNIOR, Antonio F. "Formação profissional de Lourenço Filho". Em: ASSOCIAÇÃO BRASILEIRA DE EDUCAÇÃO. *Um educador brasileiro: Lourenço Filho*. São Paulo: Melhoramentos, 1957.

ALMEIDA, Avelino. *Do cinema educativo*. São Paulo: Moderna, 1989.

ALMEIDA, Cláudio Aguiar. *O cinema como "agitador de almas": Argila, uma cena do Estado Novo*. São Paulo: Annablume; Fapesp, 1999a.

ALMEIDA, Cláudio Aguiar. "O cinema brasileiro no Estado Novo: o diálogo com a Itália, Alemanha e URSS". *Revista de Sociologia e Política*. Curitiba: jun. 1999b, n. 12.

ALMEIDA, Cláudio Aguiar. *Meios de comunicação católicos na construção de uma ordem autoritária, 1907/1937*. Tese (Doutorado em História) – Faculdade de Filosofia, Letras e Ciências Humanas da Universidade de São Paulo (FFLCH-USP). São Paulo: 2002.

ALMEIDA, Joaquim Canuto Mendes de. *Cinema contra cinema: bases gerais para um esboço de organização do cinema educativo no Brasil*. São Paulo: Editora Nacional, 1931a.

ALMEIDA, Joaquim Canuto Mendes de. "O cinema na educação". *Escola Nova*. São Paulo: jul. 1931b, v. 3, n. 3.

ALMEIDA, Joaquim Canuto Mendes de. "Cinema de Estado?". *Educação*. Órgão Geral do Ensino de São Paulo. São Paulo: ago.-set. 1931c, v. IV, n. 1.

ALMEIDA, Joaquim Canuto Mendes de. "Cinema educativo integral". *Escola Nova*. São Paulo: jul. 1931d, v. 3, n. 3.

AMAD, Paula. "Cinema's 'Santuary': From Pre-Documentary Film in Albert Kahn's Archives de la Planète (1908-1931)". *Film History*. Teaneck: 2001, v. 13.

AMARAL, Maria Nazaré de C. Pacheco. *Dewey: filosofia e experiência democrática*. São Paulo: Perspectiva, 1990.

ANDRADE, Rudá. *Cronologia da cultura cinematográfica no Brasil*. São Paulo: Fundação Cinemateca Brasileira, 1962.

ANTONACCI, Maria Antonieta. "Trabalho, cultura, educação: Escola Nova e Cinema Educativo nos anos 1920/1930". *Revista Projeto História*. São Paulo: dez. 1993, n. 10.

ARAÚJO, Galaor N. de. "O cinema educativo". *Escola Nova*. Diretoria Geral de Ensino de São Paulo. São Paulo: 1931, v. 3, n. 3.

ARAÚJO, Roberto Assumpção de. *O cinema sonoro e a educação*. São Paulo: São Paulo Editora, 1939.

ASSOCIAÇÃO BRASILEIRA DE EDUCAÇÃO. *Lourenço Filho: um educador brasileiro*. São Paulo: Melhoramentos, 1957.

AZEVEDO, Fernando de. *A reforma do ensino no Distrito Federal: discurso e entrevistas*. São Paulo: Melhoramentos, 1929.

AZEVEDO, Fernando de. *Manifesto dos pioneiros da educação nova*. São Paulo: Editora Nacional, 1932.

AZEVEDO, Fernando de. *A educação na encruzilhada: problemas e discussões*. São Paulo: Melhoramentos, 1957.

AZEVEDO, Fernando de. *A educação entre dois mundos: problemas, perspectivas e orientações*. São Paulo: Melhoramentos, 1958a.

AZEVEDO, Fernando de. *Novos caminhos e novos fins: a nova política de educação no Brasil*. São Paulo: Melhoramentos, 1958b.

AZEVEDO, Fernando de. *A educação e seus problemas*. São Paulo: Melhoramentos, 1958c.

AZEVEDO, Fernando de. *A cultura brasileira*. 4. ed. Brasília: Editora da UnB, 1963.

AZEVEDO, Fernando de. *Sociologia educacional: introdução ao estudo dos fenômenos educacionais e de suas relações com outros fenômenos sociais*. São Paulo: Melhoramentos, 1964.

BANDEIRA, M. *Presença dos Estados Unidos no Brasil: dois séculos de história*. São Paulo: Civilização Brasileira, 1973.

BARBOSA, Ana Maria de Sousa. *Pássaro dos rios nos afluentes do saber – Roquette-Pinto e a Construção da Universalidade*. Tese (Doutorado em Ciências Sociais) – Pontifícia Universidade Católica de São Paulo (PUC-SP). São Paulo: 1996.

BARROS, Armando Martins de. *Pedagogia da imagem, imagem da pedagogia*. Niterói: UFF, 1995.

BENOIT, Lelita Oliveira. *Sociologia Comteana: gênese e devir*. São Paulo: Discurso, 1999.

BENOIT, Lelita Oliveira. *Augusto Comte: fundador da física social*. São Paulo: Moderna, 2006.

BERNARDET, Jean-Claude. *Cinema brasileiro: propostas para uma história*. Rio de Janeiro: Paz e Terra, 1979.

BERNARDET, Jean-Claude. *O que é cinema*. São Paulo: Brasiliense, 1981.

BERNARDET, Jean-Claude. *Historiografia clássica do cinema brasileiro: metodologia e pedagogia*. São Paulo: Annablume, 1995.

BEZERRA, Carolina Cavalcanti. "A influência da carta de Pero Vaz de Caminha e do quadro *A Primeira Missa*, de Victor Meirelles, em *O descobrimento do Brasil*, de Humberto Mauro", 25 jul. 2008. Disponível em: http://www.mnemocine.com.br/index.php/2017-03-19-18-18-46/historia-e-cinema/125-carolina-cavalcanti-bezerra. Acesso em: 27 mar. 2020.

BEZERRA, Carolina Cavalcanti. *Caminha, Meirelles e Mauro: narrativas do (re)descobrimento do Brasil; decifrando as imagens do paraíso*. Dissertação (Mestrado em Educação) – FE-Unicamp, Campinas, SP: 2008.

BIGIO, Elias dos Santos. *Cândido Rondon: a integração nacional*. Rio de Janeiro: Contraponto, 2000.

BOMENY, Helena. *Darcy Ribeiro: sociologia de um indisciplinado*. Belo Horizonte: UFMG, 2001.

BOMENY, Helena. *Os intelectuais da educação*. Rio de Janeiro: Jorge Zahar, 2003.

BONETTI, Marcelo de Carvalho. *As imagens em movimento e sua contribuição no ensino das ciências físicas no Brasil (1800 1960)*. Tese (Doutorado em Ensino de Física) – PIEC-USP. São Paulo: 2013.

BOORSTIN, Daniel J. *Os criadores: uma história da civilidade humana*. Rio de Janeiro: Civilização Brasileira, 1995.

BORDWELL, David. *On the History of Film Style*. Harvard: University Press, 1999.

BRUZZO, Cristina. "Filme 'Ensinante': o interesse pelo cinema educativo no Brasil". *Pro-Posições*. Campinas: jan.-abr. 2004, v. 15, n. 1.

CALIL, Carlos Augusto; MACHADO, Maria Teresa. *Paulo Emílio: um intelectual na linha de frente: coletânea de textos de Paulo Emílio Salles Gomes*. São Paulo: Brasiliense; Embrafilme, 1986.

CAMPOS, Francisco. *Educação e cultura*. Rio de Janeiro: José Olympio, 1940.

CAPELATO, Maria Helena. *Os arautos do liberalismo: imprensa paulista 1920-1945*. São Paulo: Brasiliense, 1989.

CAPELATO, Maria Helena. *Multidões em cena: propaganda política no varguismo e no peronismo*. Campinas: Papirus, 1998.

CARVALHAL, Fernanda Caraline de Almeida. *Luz, câmera, educação! O Instituto Nacional de Cinema Educativo e a formação da cultura áudio – imagética escolar*. Dissertação (Mestrado em Educação) – Unesa. Rio de Janeiro: 2008.

CARVALHO, Marta Maria Chagas de. "Anísio Teixeira: Itinerários". *Revista Brasileira de Comunicação, Arte e Educação*. Brasília: abr.-jun. 2000, ano 2, n. 7.

CARVALHO, Marta Maria Chagas de. "A República, a escola e os perigos do alfabeto". Em: PRADO, Maria Ligia Coelho; VIDAL, Diana Gonçalves. *À margem dos 500 anos: reflexões irreverentes*. São Paulo: Edusp, 2002.

CATANI, Afrânio Mendes. "Aventura industrial e o cinema paulista (1930-1955)". Em: RAMOS, Fernão Pessoa. *História do cinema brasileiro*. São Paulo: Art, 1990.

CATANI, Denice Bárbara. *Educadores à meia-luz*. São Paulo: FEUSP, 1989.

CATELLI, Rosana Elisa. "Cinema e educação em John Grierson". *Mnemocine*, 2003. Disponível em: http://www.mnemocine.com.br/aruanda/cineducemgrierson.htm. Acesso em: 4 out. 2022.

CAVALCANTI, Alberto. *Filme e realidade*. Rio de Janeiro: Artenova, 1977.

CHARNEY, Leo; SCHWARTZ, Vanessa R. *O cinema e a invenção da vida moderna*. São Paulo: Cosac Naify, 2004.

CHIARELLI, Tadeu. *Monteiro Lobato e o desejo de uma arte nacional no Brasil*. São Paulo: Edusp, 1995.

CHIARELLI, Tadeu. "Anotações sobre a arte e história no Museu Paulista". Em: FABRIS, Annateresa. *Arte e política: algumas possibilidades de leitura*. São Paulo; Belo Horizonte: Fapesp; C/ Arte, 1998.

COSTA, Flávia Cesarino. *O primeiro cinema: espetáculo, narração, domesticação*. Rio de Janeiro: Azougue, 2005.

COSTA, João Cruz. *Contribuição à História das Ideias no Brasil*. Rio de Janeiro: José Olympio, 1956.

COULON, Alain. *A escola de Chicago*. São Paulo: Papirus, 1995.

COURI, Norma. *O estrangeiro Alberto Cavalcanti e a ficção no Brasil*. Tese (Doutorado em História) – Faculdade de Filosofia, Letras e Ciências Humanas da Universidade de São Paulo (FFLCH-USP). São Paulo: 2004.

CUIN, Charles-Henry; GRESLE, François. *História da sociologia*. São Paulo: Ensaio, 1994.

DANTE, Celso. *A frequência infantil e o cinema*. Rio de Janeiro: Tipografia Jornal do Comércio, 1936.

DA-RIN, Silvio. *Espelho partido: tradição e transformação do documentário*. Rio de Janeiro: Azougue, 2004.

DECHERNEY, Peter. "Inventing Film Study and Its Object at Columbia University, 1915-1938". *Film History*. Teaneck: 2000, v. 12, n. 4.

DEWEY, John. *Vida e educação*. São Paulo: Melhoramentos, 1971.

DEWEY, John. *Experiência e educação*. São Paulo: Editora Nacional, 1976.

DEWEY, John. *Democracia e educação*. São Paulo: Editora Nacional, 1979.

DIACON, Todd A. *Rondon: o marechal da floresta*. São Paulo: Companhia das Letras, 2006.

DUARTE, Regina Horta. "Em todos os lares o conforto moral da ciência e da arte: a Revista Nacional de Educação e a divulgação científica no Brasil (1932-1943)". *Revista História, Saúde, Ciência – Manguinhos*. Rio de Janeiro: jan.-abr. 2004, v. 11, n.1.

EAGLETON, Terry. *A ideia de cultura*. São Paulo: Unesp, 2005.

ESPINHEIRA, Ariosto. *Rádio e educação*. São Paulo: Melhoramentos, s.d.

ESPINHEIRA, Ariosto. *Arte popular e educação*. Rio de Janeiro: Editora Nacional, 1938.

FABRIS, Annateresa. *Fotografia, usos e funções no século XIX*. São Paulo: Edusp, 1998.

FAHEINA, Evelyn Fernandes Azevedo. *O discurso sobre o nexo pedagógico entre cinema e educação*. Tese (doutorado em Educação) – UFPB, João Pessoa: 2015.

FERREIRA, Daniel Wanderson. *Fazer cinema, construir a nação: as imagens do cineasta Humberto Mauro*. Dissertação (Mestrado em História) – Universidade Federal de Minas Gerais (UFMG). Belo Horizonte: 2004.

FERRO, Marc. *Cinema e história*. São Paulo: Paz e Terra, 1992.

FIGUEIRA, Cristina Aparecida R. *O cinema do povo*. Dissertação (Mestrado em Educação, História, Política e Sociedade) – PUC-SP. São Paulo: 2003.

FRANCO, Marília da Silva. *Escola audiovisual*. Tese (Doutorado em Comunicação) – Escola de Comunicações e Artes da Universidade de São Paulo (ECA--USP). São Paulo: 1987.

FREIRE, Ulysses. "A educação pela imagem". *Revista de Educação*. Órgão do Departamento de Educação do Estado de São Paulo. São Paulo: mar. 1933, v. I, n. 2.

GALVÃO, Maria Rita Eliezer. *Crônica do cinema paulistano*. São Paulo: Ática, 1975.

GALVÃO, Maria Rita Eliezer; BERNARDET, Jean-Claude. *Cinema: repercussões em caixa de eco ideológica, as ideias de "nacional" e "popular" no pensamento cinematográfico brasileiro*. São Paulo: Brasiliense, 1983.

GALVÃO, Maria Rita Eliezer; SOUZA, Carlos Roberto de. "Cinema brasileiro 1930- 1964". Em: PIERUCCI, Antônio Flávio de Oliveira *et al*. *História geral da civilização brasileira*. t. 3. v. 4. Rio de Janeiro: Bertrand Brasil, 1995.

GOMES, Angela de Castro. *Essa gente do Rio... Modernismo e nacionalismo*. Rio de Janeiro: Editora FGV, 1999.

GOMES, Angela de Castro. *Capanema: o ministro e seu ministério*. Rio de Janeiro: Editora FGV, 2000.

GOMES, Paulo Emílio Salles. *Humberto Mauro, Cataguases, Cinearte*. São Paulo: Perspectiva, 1974.

GONÇALVES, Nery. "A educação pelo cinema". *Educação*. São Paulo: 1930, v. 11, n. 2.

GRAÇA, Venerando da. *Cinema escolar*. Rio de Janeiro: Inspetoria Escolar, 1916-1918.

GUNNING, Tom. "The World as Object Lesson: Cinema Audiences, Visual Culture and St. Louis World's Fair, 1904. Great Britain". *Film History*. Teaneck: 1994, v. 6.

HERSCHMANN, Micael M.; PEREIRA, Carlos Alberto Messeder. *A invenção do Brasil moderno: medicina, educação e engenharia nos anos de 1920-1930*. Rio de Janeiro: Rocco, 1994.

HILSDORF, Maria Lucia Spedo. "Lourenço Filho em Piracicaba". Em: SOUSA, Cynthia Pereira de. *História da educação: processos, práticas e saberes*. São Paulo: Escrituras, 1998.

KELLY, Celso. "O cinema como instrumento de Educação Artística". *Educação*. Rio de Janeiro: fev. 1939a, n.1.

KILPATRICK, William H. "A escola pública nos Estados Unidos". *Educação*. Rio de Janeiro: jul. 1928, v. 4.

LABAKI, Amir. *Introdução ao documentário brasileiro*. São Paulo: Francis, 2006.

LAMEGO, Valéria. *A farpa na lira: Cecília Meireles na Revolução de* [19]30. Rio de Janeiro: Record, 1996.

LAMOUNIER, Bolivar. "Formação de um pensamento autoritário na Primeira República". Em: FAUSTO, Boris. *O Brasil Republicano: história geral da civilização brasileira*. t. 3. Rio de Janeiro: Difel, 1977.

LEME, Paschoal. *Memórias*. São Paulo: Cortez; Inep, 1988.

LINO, Sonia Cristina da Fonseca Machado. *História e cinema: uma imagem do Brasil nos anos* [19]30. Tese (Doutorado em História) – Universidade Federal Fluminense (UFF). Niterói: 1995.

LINO, Sonia Cristina da Fonseca Machado. "Humberto Mauro e o cinema novo". *Lócus: Revista de História*. Juiz de Fora: 2000, v. 6, n. 1.

LINO, Sonia Cristina da Fonseca Machado. "A história do cinema de Humberto Mauro: uma análise do filme 'O descobrimento do Brasil' – 1937". *Lócus: Revista de História*. Juiz de Fora: 2001, v. 7, n. 1.

LINS, Álvaro. *História do Positivismo no Brasil*. São Paulo: Editora Nacional, 1967.

LOURENÇO FILHO, Manuel Bergström. "A moral no teatro, principalmente no cinematógrafo". *Educação*. Rio de Janeiro: mar. 1928, v. 2.

LOURENÇO FILHO, Manuel Bergström. *Introdução ao estudo da Escola Nova*. São Paulo: Melhoramentos, 1930.

LOURENÇO FILHO, Manuel Bergström. "O cinema na escola". *Escola Nova*. São Paulo: 1931, v. 3, n. 3.

LOURENÇO FILHO, Manuel Bergström. *Organização e administração escolar: um curso básico*. São Paulo: Melhoramentos, 1963.

LUCAS, Taís Campelo. *Cinearte: o cinema brasileiro em revista (1926-1942)*. Dissertação (Mestrado em História) – Universidade Federal Fluminense (UFF). Niterói: 2005.

MACHADO, Hilda. "Cinema de não ficção no Brasil". *Revista Cinemais*. Rio de Janeiro: out.-dez. 2003.

MACIEL, Ana Carolina. *Figuras e gestos de Humberto Mauro: uma edição comentada*. Dissertação (Mestrado em Multimeios) – Instituto de Artes da Universidade Estadual de Campinas (IA-Unicamp). Campinas: 2001.

MACIEL, Laura Antunes. *A nação por um fio: caminhos, práticas e imagens da "Comissão Rondon"*. São Paulo: Educ, 1998.

MAIA, João Marcelo. "Vicente Licínio Cardoso e a 'América' da engenharia brasileira". *Revista Intellectus*. UFRJ. Rio de Janeiro: 2005, ano 4, v. 1.

MATE, Cecília Hanna. *Tempos modernos na escola: os anos [19]30 e a racionalização da educação brasileira*. Bauru; Brasília: Edusc; Inep, 2002.

MATHEUS, Roberto Ruiz de Rosa. *Edgar Roquette-Pinto, aspectos marcantes de sua vida e obra*. Brasília: MEC; Fundação Centro Brasileiro de TV Educativa; Ministério da Educação e Cultura, 1984.

MATTELART, Armand; MATTELART, Michèle. *História das teorias da comunicação*. São Paulo: Loyola, 1999.

MEIRELES, Cecília. *Crônicas de educação*. v. 4. Rio de Janeiro: Nova Fronteira, 2001.

MENDONÇA, Ana Waleska; ZAIA, Brandão. *Por que não lemos Anísio Teixeira? Uma tradição esquecida*. Rio de Janeiro. Ravil, 1997.

MENNUCCI, Sud. "O que o cinema não fez". *Educação*. Rio de Janeiro: mar. 1929, v. 4.

MILLIET, Sérgio. *Diário crítico de Sérgio Milliet*. São Paulo: Martins, 1981.

MONARCHA, Carlos. *A reinvenção da cidade e da multidão: dimensões da modernidade brasileira – a Escola Nova*. São Paulo: Cortez, 1989.

MONARCHA, Carlos; LOURENÇO FILHO, Ruy. *Por Lourenço Filho: uma biobibliografia*. Brasília: Inep, 2001.

MONTEIRO, Ana Nicolaça. *O cinema educativo como inovação pedagógica na escola primária (1933-1944)*. Dissertação (Mestrado em Educação) – FE-USP. São Paulo: 2006.

MONTEIRO Filho, Jeronymo. "Os meios modernos de comunicação: sua influência sobre a educação e organização nacional". *Educação*. Rio de Janeiro: jul. 1928, v. 4.

MORAES FILHO, Ney. *Educação dos sentidos na Escola Nova: dimensões do uso de audiovisuais no ensino de história (1920-1960)*. Dissertação (Mestrado em História) – Pontifícia Universidade Católica de São Paulo (PUC-SP). São Paulo: 1993.

MORAIS, Jorge Gomes de Cláudio. *O cinema educativo em Pernambuco durante a intervenção de Agamenon Magalhães (1937-1945)*. Dissertação (mestrado em Educação) – Universidade Federal de Pernambuco, Recife: 2002.

MORENO, Antonio. *Cinema brasileiro: história e relações com o Estado*. Niterói; Goiânia: Eduff; Cegraf; UFG, 1994.

MORETTIN, Eduardo Victorio. "Cinema educativo: uma abordagem histórica". *Comunicação e Educação*. São Paulo: set.-dez. 1995, v. 4.

MORETTIN, Eduardo Victorio. "Quadros em movimento: o uso das fontes iconográficas no filme 'Os bandeirantes' (1940), de Humberto Mauro". *Revista Brasileira de História*. São Paulo: 1998, v. 18, n. 35.

MORETTIN, Eduardo Victorio. "Produção e formas de circulação do tema do descobrimento do Brasil: uma análise de seu percurso e do filme 'Descobrimento do Brasil' (1937), de Humberto Mauro". *Revista Brasileira de História*. São Paulo: 2000, v. 20, n. 39.

MORETTIN, Eduardo Victorio. *Os limites de um projeto de monumentalização cinematográfica: uma análise do filme "Descobrimento do Brasil" (1937), de Humberto Mauro*. Tese (Doutorado em Ciências das Comunicações) – Escola de Comunicações e Artes da Universidade de São Paulo (ECA-USP). São Paulo: 2001.

MORETTIN, Eduardo Victorio. "O cinema como fonte histórica na obra de Marc Ferro". *História & Debates*. UFPR. Curitiba: 2003, n. 38.

MORETTIN, Eduardo Victorio. "Dimensões históricas do documentário brasileiro no período silencioso". *Revista Brasileira de História*. São Paulo: 2005, v. 25, n. 49.

MORRONE, Maria Lúcia. *Cinema e educação: a participação da "imagem em movimento" nas diretrizes da educação nacional e nas práticas pedagógicas escolares*. Dissertação (Mestrado em História e Filosofia da Educação) – FE-USP, São Paulo: 1997.

MOURA, Roberto. "Canto da saudade: a exaustão dos 'mestres' na obra de Humberto Mauro". Em: FABRIS, Mariarosaria *et al. Estudos Socine de cinema, ano III*. Porto Alegre: Sulina, 2003.

NAGLE, Jorge. *Educação e sociedade na Primeira República*. São Paulo; Rio de Janeiro: EPU; Fundação Nacional de Material Escolar, 1976.

NEIVA JUNIOR, Eduardo. *A Imagem*. São Paulo: Ática, 2002.

NICHOLS, Bill. "Documentary Film and the Modernist Avant-Garde". *Critical Inquiry*. Chicago: 2001, v. 27, n. 4.

NICHOLS, Bill. *Introdução ao documentário*. Campinas: Papirus, 2005.

NINEY, François. *L'Epreuve du réel à l'écran: essai sur le príncipe de réalité documentaire*. Bruxelas: De Boeck & Lacier, 2004.

NUNES, Cassiano. *O sonho de Monteiro Lobato*. Brasília: [s.n.], 1979. Mimeografado.

ORLANDI, J. O. "O cinema na escola". *Escola Nova*. Diretoria Geral de Ensino de São Paulo. São Paulo: 1931, v. 3, n. 3.

PÉCAUT, Daniel. *Os intelectuais e a política no Brasil: entre o povo e a nação*. São Paulo: Ática, 1990.

PEIXOTO, Fernanda Arêas. A pátria geográfica: sertão e litoral no pensamento social brasileiro. *Mana*. Rio de Janeiro: abr. 1999, v. 5, n. 1.

PENIDO, Stella Oswaldo Cruz. "Documentário científico no Brasil". Em: FABRIS, Mariarosaria *et al*. *Estudos Socine de cinema: ano III*. Porto Alegre: Sulina, 2003.

PENNA, Maria Luiza. *Fernando de Azevedo: educação e transformação*. São Paulo: Perspectiva, 1987.

RAMOS, Fernão Pessoa. *Mas afinal... o que é mesmo documentário?* São Paulo: Senac, 2008.

RAMOS, Fernão Pessoa. "Hirszman e Mauro, documentaristas". *Estudos de cinema*. São Paulo: 2000a, v. 3.

RAMOS, Fernão Pessoa. "O que é documentário". Em: RAMOS, Fernão Pessoa. *Estudos de cinema 2000*. Porto Alegre: Socine; Sulina, 2000b.

RAMOS, Fernão Pessoa; MAURO, Humberto; PARANAGUÁ, Paulo. *Cinema documental en America Latina*. Madri: Cátedra, 2003.

RAMOS, Fernão Pessoa; MIRANDA, Luiz Felipe. *Enciclopédia do cinema brasileiro*. São Paulo: Senac SP, 2000.

RANCIÈRE, Jacques. A historicidade do cinema. *Significação*. São Paulo: jul.-dez., 2017, v. 44, n. 48, p. 245-263.

REIS JUNIOR, Joao Alves dos. *O livro das imagens luminosas: Jonathas Serrano e a gênese da cinematografia educativa no Brasil (1889-1937)*. Tese (Doutorado em Educação) – PUC-Rio. Rio de Janeiro: 2008.

RIBAS, João Baptista Cintra. *O Brasil é dos brasilianos: medicina, antropologia e educação na figura de Roquette-Pinto*. Dissertação (Mestrado em Antropologia Social) – Instituto de Filosofia e Ciências Humanas da Universidade Estadual de Campinas (IFCH/Unicamp). Campinas: 1999.

RIBEIRO, Adalberto Mário. *Instituições brasileiras de cultura*. Rio de Janeiro: Imprensa Nacional, 1945.

RIBEIRO, Darcy. *Confissões*. São Paulo: Companhia das Letras, 1997.

RIBEIRO, José da Silva. "Antropologia visual, práticas antigas e novas perspectivas de investigação". *Revista de Antropologia*. São Paulo: jul.-dez. 2005, v. 48, n. 2.

RIGHI, Daniel. *O cine educativo de João Penteado: iniciativa pedagógica de um anarquista*. Dissertação (Mestrado em Educação) – FE-USP, São Paulo: 2011.

ROCHA, Marcos Bessa Mendes da. "A outra modernidade educacional: da geração dos críticos republicanos aos pioneiros da educação". *Educação em Foco*. Juiz de Fora: set.-fev. 2002/2003, v. 7, n. 2.

ROQUETTE-PINTO, Edgar. "Editorial". *Radio*. Rio de Janeiro: 18 de out. 1923, ano I, n. 1.

ROQUETTE-PINTO, Edgar. "Rádio educação no Brasil". *Rádio*. Rio de Janeiro: mar. 1926, n. 57.

ROQUETTE-PINTO, Edgar. "Discurso do Sr. Edgar Roquette-Pinto". *Revista da Academia Brasileira de Letras*. Rio de Janeiro: jul. 1930a, ano XXXIII, v. 103.

ROQUETTE-PINTO, Edgar. "O cinema educativo". *Escola Nova*. Diretoria Geral do Ensino de São Paulo. São Paulo: 1930b, v. 3.

ROQUETTE-PINTO, Edgar. *Ensaios de anthropologia brasiliana*. São Paulo: Editora Nacional, 1933a.

ROQUETTE-PINTO, Edgar. "O cinema e a educação popular no Brasil". *Revista Nacional de Educação*. Rio de Janeiro: 5 fev. 1933b.

ROQUETTE-PINTO, Edgar. "A evolução do cinema". *Revista do Brasil*. São Paulo: jul. 1938a, ano 1, n. 2.

ROQUETTE-PINTO, Edgar. "Cinema Educativo. Conferência realizada no Instituto de Estudos Brasileiros, 27/7/1938". *Revista Estudos Brasileiros*. Separata. São Paulo: jul.-ago. 1938b, n. 1.

ROQUETTE-PINTO, Edgar. "O cinema educativo no Brasil". *Revista da Academia Brasileira de Letras*. Rio de Janeiro: jul.-dez. 1944, ano XLIII, v. 68.

ROQUETTE-PINTO, Edgar. *Rondônia*. 6. ed. São Paulo: Editora Nacional; Brasília: INL, 1975.

ROQUETTE-PINTO, Vera Regina. "Roquette-Pinto, o rádio e o cinema educativos". *Revista USP*. São Paulo: mar.-maio 1989, n. 1.

ROSA, Cristina Souza da. *Imagens que educam: o cinema educativo no Brasil dos anos de 1930 e 1940*. Dissertação (Mestrado em História Social) – Universidade Federal Fluminense (UFF). Niterói: 2002.

ROSA, Cristina Souza da. "O cinema educativo através do pensamento de Mussolini e Vargas". Em: Simpósio Nacional de História, 23, 2005, Londrina, *Anais do XXIII Simpósio Nacional de História: história: guerra e paz*. Londrina: Anpuh, 2005, v. 1.

SALIBA, Maria Eneida Fachini. *Cinema contra cinema: uma paixão de juventude de Canuto Mendes (1922-1931)*. Dissertação (Mestrado em História Social) – Faculdade de Filosofia, Letras e Ciências Humanas da Universidade de São Paulo (FFLCH-USP). São Paulo: 2001.

SANDBERG, Mark B. "Efígie e narrativa: examinando o museu do folclore do século XIX". Em: CHARNEY, Leo; SCHWARTZ, Vanessa R. *O cinema e a invenção da vida moderna*. São Paulo: Cosac Naify, 2004.

SCHVARZMAN, Sheila. "O livro das letras luminosas – Humberto Mauro e o Instituto Nacional de Cinema Educativo". Em: FABRIS, Mariarosaria *et al. Estudos Socine de cinema, ano III.* Porto Alegre: Sulina, 2003.

SCHVARZMAN, Sheila. *Humberto Mauro e as imagens do Brasil.* São Paulo: Unesp, 2004a.

SCHVARZMAN, Sheila. "Humberto Mauro e o documentário". Em: TEIXEIRA, Francisco Elinaldo. *Documentário no Brasil: tradição e transformação.* São Paulo: Summus, 2004b.

SCHVARZMAN, Sheila. "Ir ao cinema em São Paulo nos anos [19]20". *Revista Brasileira de História.* São Paulo: jan.-jun. 2005, v. 25, n. 49.

SCHWARCZ, Lilia Moritz. *O espetáculo das raças: cientistas, instituições e questão racial no Brasil 1870-1930.* São Paulo: Companhia das Letras, 1993.

SCHWARTZMAN, Simon; BOMENY, Helena Maria Bousquet; COSTA, Vanda Maria Ribeiro. *Tempos de Capanema.* Rio de Janeiro; São Paulo: Paz e Terra; Edusp, 1984.

SERRANO, Jonathas. *A Escola Nova.* São Paulo: Schimidt Editor, 1932.

SERRANO, Jonathas. "O cinema e os problemas sociais". *Boletim do Secretariado de Cinema da Ação Católica Brasileira.* Rio de Janeiro: abr. 1940, ano II, n. 13.

SERRANO, Jonathas; VENÂNCIO Filho, Francisco. *Cinema e educação.* São Paulo: Melhoramentos, 1930.

SEVCENKO, Nicolau. *História da vida privada no Brasil. República: da Belle Époque à era do rádio.* v. 3. São Paulo: Companhia das Letras, 1998.

SHOHAT, Ella; STAM, Robert. *Crítica da imagem eurocêntrica.* São Paulo: Cosac Naify, 2006.

SIMIS, Anita. *Estado e cinema no Brasil.* São Paulo: Annablume, 1996.

SIOMOPOULOS, Anna. "Entertaining Ethics: Technology, Mass Culture and American Intellectuals of the 1930s". *Film History.* Teaneck: 1999, v. 11, n. 1.

SOBRAL, Vieira. "O cinema como meio educativo". *Revista de Medicina.* Rio de Janeiro: jul.-ago. 1935, ano XV, n. 100.

SOUZA, Carlos Roberto de. *A Cinemateca Brasileira e a preservação do filme no Brasil.* Tese (doutorado em Educação) – FE-USP, São Paulo: 2009.

SOUZA, Carlos Roberto de. *A fascinante aventura do cinema brasileiro.* São Paulo: Cinemateca Brasileira, 1981.

SOUZA, Carlos Roberto de. *O Instituto Nacional de Cinema Educativo: história e produção (projeto de pesquisa e relatório).* São Paulo: [s.n.], 1988. Mimeografado.

SOUZA, Carlos Roberto de. *Catálogo de filmes produzidos pelo Ince.* Rio de Janeiro: Fundação do Cinema Brasileiro, 1990.

SOUZA, Carlos Roberto de. *Nossa aventura na tela.* São Paulo: Cultura, 1998.

SOUZA, Carlos Roberto de; MAURO, Humberto. *Cinema Brasileiro.* Lisboa: Fundação Calouste Gulbenkian; Cinemateca Portuguesa, 1987.

SOUZA, José Inácio de Melo. *Cinema brasileiro em revista: bibliografia (1950-1975)*. São Paulo: SCP, 1987.

SOUZA, José Inácio de Melo. *O Estado contra os meios de comunicação (1889-1945)*. São Paulo: Annablume; Fapesp, 2003.

SOUZA, José Inácio de Melo. *Imagens do passado: São Paulo e Rio de Janeiro nos primórdios do cinema*. São Paulo: Senac São Paulo, 2004.

SOUZA, José Inácio de Melo. *Banco de teses sobre cinema brasileiro*, dez. 2005. Disponível em: http://www.mnemocine.com.br/bancodeteses/index.htm. Acesso em: 27 mar. 2020.

SÜSSEKIND, Flora. *As revistas do ano e a invenção do Rio de Janeiro*. Rio de Janeiro: Nova Fronteira; Fundação Casa de Rui Barbosa, 1986.

TACCA, Fernando de. *A imagética da Comissão Rondon*. Campinas: Papirus, 2001.

TAPAJÓS, Isaac. A Rússia na tela. *Boletim do Secretariado de Cinema e Teatro da Ação Católica Brasileira*. Rio de Janeiro: mar.-abr. 1945, ano VII, n. 56.

TEIXEIRA, Anísio. *Aspectos americanos de educação*. Salvador: Tipologia de São Francisco, 1928.

TEIXEIRA, Anísio. "A reconstrução do programa escolar". *Escola Nova*. São Paulo: 1930a, v. 1, n. 2-3.

TEIXEIRA, Anísio. "Porque 'Escola Nova'". *Boletim da Associação Bahiana de Educação*. Salvador: 1930b, n. 1.

TEIXEIRA, Anísio. *Educação para a democracia, introdução à administração educacional*. Rio de Janeiro: José Olympio, 1936.

TEIXEIRA, Anísio. *A educação e a crise brasileira (ensaios reunidos entre 1930 e 1956)*. São Paulo: Editora Nacional, 1956.

TEIXEIRA, Francisco Elinaldo. *Documentário no Brasil: tradição e transformação*. São Paulo: Summus, 2004.

TELES, Ângela Aparecida. *Cinema contra cinema: o cinema educativo em São Paulo nas décadas de 1920/1930*. Dissertação (Mestrado em História) – Pontifícia Universidade Católica de São Paulo (PUC-SP). São Paulo: 1995.

VARGAS, Getúlio. "O cinema nacional, elemento de aproximação dos habitantes do país". Em: VARGAS, Getúlio. *A nova política do Brasil*. v. 3. Rio de Janeiro: José Olympio, 1938.

VENÂNCIO FILHO, Alberto. *Francisco Venâncio Filho: um educador brasileiro*. Rio de Janeiro: Nova Fronteira, 1995.

VENÂNCIO FILHO, Francisco. "Educa-se para educar". *Revista do Brasil*. São Paulo: fev. 1925, ano X, v. 28, n. 110.

VENÂNCIO FILHO, Francisco. "O cinema e as ciências físicas". *Boletim de educação pública*. Rio de Janeiro: abr.-jun. 1930, ano 1, n. 2.

VENÂNCIO FILHO, Francisco. "A Rádio Cultura no Brasil (ao Prof. Roquette-Pinto)". Em: VENÂNCIO FILHO, Francisco. *Educar-se para educar*. Rio de Janeiro: Tipografia São Benedito, 1931.

VENÂNCIO FILHO, Francisco. "A geografia universal e o cinema". *Escola Primária*. Rio de Janeiro: mar. 1935, ano 18, n. 72.

VENÂNCIO FILHO, Francisco. "Cinema educativo". *Boletim Ariel*. Rio de Janeiro: jun. 1936, ano 5, n. 9.

VENÂNCIO FILHO, Francisco. "Função educativa dos museus". *Estudos Brasileiros*. Rio de Janeiro: Tipografia Mendes de Almeida, 1938.

VENÂNCIO FILHO, Francisco. *A Glória de Euclides da Cunha*. São Paulo: Editora Nacional, 1939.

VENÂNCIO FILHO, Francisco. *A educação e seu aparelhamento moderno*. Rio de Janeiro: Editora Nacional, 1941a.

VENÂNCIO FILHO, Francisco. *Contribuição americana à educação*. Rio de Janeiro: Instituto Brasil-Estados Unidos, 1941b.

VENÂNCIO FILHO, Francisco. "O problema da educação rural". *Cultura Política*. Rio de Janeiro: out. 1942, ano 2, n. 20.

VENÂNCIO FILHO, Francisco. "Jonathas Serrano, educador". *Revista Brasileira de Estudos Pedagógicos*. Rio de Janeiro: dez. 1944a, v. 2, n. 6.

VENÂNCIO FILHO, Francisco. O cinema nas "missões culturais". Em: VII Congresso Brasileiro de Educação, 1942, Goiânia. *Anais...* Rio de Janeiro: Serviço Gráfico do IBGE, 1944b.

VENÂNCIO FILHO, Francisco. "Fundamentos científicos de *Os sertões*". *Revista Brasileira*. Rio de Janeiro: dez. 1945, n. 15.

VENÂNCIO FILHO, Francisco; SERRANO, Jonathas. *Cinema e educação*. São Paulo: Melhoramentos, 1930.

VENÂNCIO FILHO, Francisco; SERRANO, Jonathas. "O cinema educativo". *Escola Nova*. Órgão da Diretoria Geral de Ensino de São Paulo. São Paulo: jul. 1931, v. 3, n. 3.

VIANY, Alex. *Introdução ao cinema brasileiro*. Rio de Janeiro: Instituto Nacional do Livro, 1959.

VIANY, Alex. *Humberto Mauro: sua vida/sua arte/sua trajetória no cinema*. Rio de Janeiro: Artenova; Embrafilme, 1978.

VIDAL, Diana Gonçalves. "Cinema, laboratórios, ciências físicas e Escola Nova". *Cadernos de Pesquisa*. São Paulo: maio 1994, n. 89.

VIDAL, Diana Gonçalves. A imagem na reforma educacional da década de [19]20: fotografia, cinema e arquitetura. Em: Seminário Pedagogia da Imagem e Imagem da Pedagogia, 1995, Niterói. *Anais...* Niterói: Universidade Federal Fluminense, 1996.

VIDAL, Diana Gonçalves; CARDOSO, Maria Cecília Ferraz de Castro. *Conversa de educadores: catálogo analítico da correspondência entre Abgar Renault e Fernando de Azevedo*. São Paulo: Cadernos do IEB, 1999.

VIEIRA, João Luiz. "Anatomias do visível: cinema, corpo e a máquina de ficção científica". Em: NOVAES, Adauto. *O homem-máquina: a ciência manipula o corpo*. São Paulo: Companhia das Letras, 2003.

WERNECK, Ronaldo. "Cinemauro: *travelling*". *Revista de Cultura Vozes*. Rio de Janeiro: jun.-jul. 1970, ano 64, v. 64, n. 5.

XAVIER, Ismail. *Sétima arte, um culto moderno*. São Paulo: Perspectiva, 1978.

XAVIER, Ismail. *O cinema do século*. Rio de Janeiro: Imago, 1996.

Acervos pesquisados

Acervos de Documentação e de Filmes da Cinemateca Brasileira.

Arquivos Anísio Teixeira, Gustavo Capanema e Lourenço Filho, do Centro de Pesquisa e Documentação de História Contemporânea do Brasil (CPDOC), da Fundação Getúlio Vargas do Rio de Janeiro.

Biblioteca Digital das Artes do Espetáculo, da Biblioteca Jenny Klabin Segall, do Museu Lasar Segall.

AGRADECIMENTOS

Esse livro é parte da tese de doutorado *Dos "naturais" ao documentário: o cinema educativo e a educação do cinema entre os anos de 1920 e 1930*, realizada no Programa de Pós-graduação em Multimeios, do Instituto de Artes da Universidade Estadual de Campinas, sob a orientação do professor dr. Fernão Pessoa Ramos, a quem agradeço pelas leituras e indicações bibliográficas sugeridas para a escrita do trabalho.

Fundamentais também foram as sugestões e observações da professora dra. Sheila Schvarzman, com quem dialoguei em momentos desta pesquisa; agradeço a ela ainda por sua leitura atenta e cuidadosa na banca de qualificação e na de doutorado. Agradeço também ao professor dr. Elinaldo Teixeira por suas sugestões na banca de qualificação. Agradeço igualmente ainda aos professores Marília Franco, Flávia Cesarino Costa e Fernando Passos pelas valiosas observações na banca de doutorado.

Meu muito obrigada aos representantes das instituições que apoiaram as solicitações de livros e documentos para esta pesquisa: Centro de Pesquisa e Documentação de História Contemporânea do Brasil (CPDOC) da Fundação Getúlio Vargas do Rio de Janeiro; Cinemateca Brasileira; Museu Lasar Segall; bibliotecas da Faculdade de Filosofia, Letras e Ciências Humanas, da Faculdade de Educação e da Escola de Comunicações e Artes da Universidade de São Paulo; Biblioteca da Pontifícia Universidade Católica de São Paulo; Biblioteca do Instituto de Artes da Universidade Estadual de Campinas; e Biblioteca da Universidade Estadual de Santa Cruz.

Gostaria ainda de agradecer aos colegas de trabalho da Universidade Estadual de Santa Cruz (Uesc), em Ilhéus, em especial à professora dra. Rita Virginia Argollo, pelo apoio para o término deste estudo. Agradeço, também, a leitura cuidadosa e as sugestões da professora dra. Élida Paulina Ferreira. Agradeço aos amigos, pelo incentivo para a realização deste projeto, em especial, a Marco Antonio de Almeida, pelo carinho, pela amizade e pelo companheirismo de anos de trabalho em conjunto. À minha família, especialmente a meu irmão Roberto Catelli Junior, pelo seu apoio em diversos momentos.

Nos últimos anos, o diálogo com as equipes do Sesc São Paulo foi fundamental para a conquista de novos aprendizados. Em especial, agradeço a parceria dos meus colegas do Centro de Pesquisa e Formação. Agradecimento especial às Edições Sesc pela oportunidade de publicar este livro.

Por fim, agradeço a inestimável dedicação e o precioso carinho do meu companheiro Paulo Tadeu da Silva e à minha filha Marina, que preencheram meu coração em todos os momentos da escrita desta obra.

SOBRE A AUTORA

É socióloga formada pela Pontifícia Universidade Católica de São Paulo (PUC-SP) e mestre em sociologia e doutora em multimeios pela Universidade Estadual de Campinas (Unicamp). Pesquisou os vínculos entre cinema e educação no Brasil, dando origem à tese *Dos "naturais" ao documentário: cinema educativo e a educação do cinema entre os anos de 1920 e 1930*, da qual deriva esta publicação. Entre 2003 e 2009, foi professora do curso de comunicação social da Universidade Estadual de Santa Cruz, em Ilhéus, na Bahia. Atualmente, coordena a programação de cursos, palestras e seminários do Centro de Pesquisa e Formação do Sesc São Paulo.

Este livro foi composto nas fontes Sabon e URW Din,
Impresso nos papéis Supremo Duo Design 250 g/m² e Pólen Natural 70 g/m²,
pela Dsystem Indústria Gráfica Ltda.
em novembro de 2022